ブックレット〈書物をひらく〉12

熊野と神楽
聖地の根源的力を求めて

平凡社

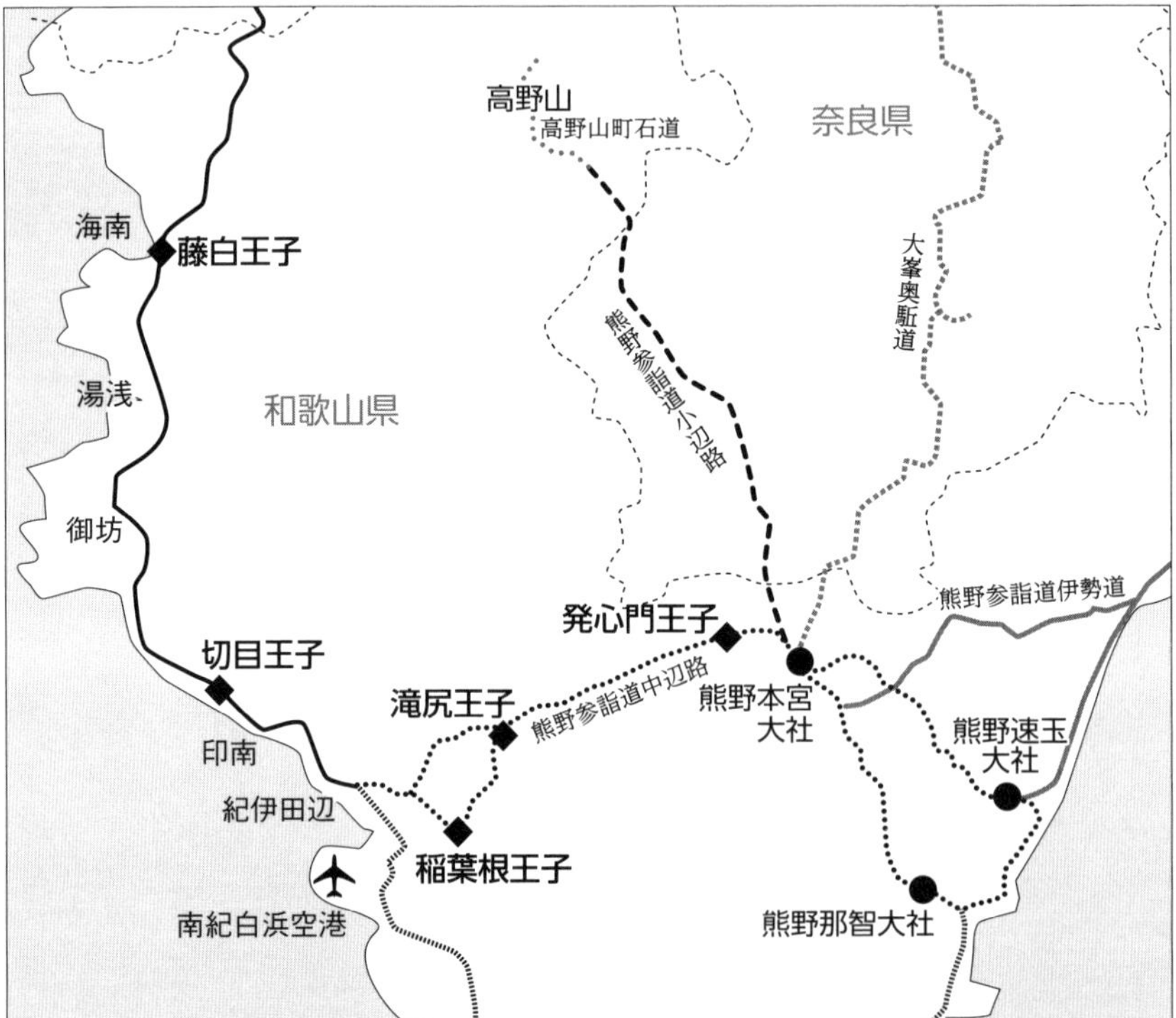
高野山
高野山町石道
奈良県
海南
藤白王子
大峯奥駈道
熊野参詣道小辺路
湯浅
和歌山県
御坊
熊野参詣道伊勢道
発心門王子
切目王子
熊野本宮大社
滝尻王子
熊野参詣道中辺路
熊野速玉大社
印南
紀伊田辺
稲葉根王子
南紀白浜空港
熊野那智大社
熊野参詣道大辺路

はじめに

紀伊半島南部の広大な地域に広がる聖地・熊野は、本宮《ほんぐう》・新宮《しんぐう》・那智《なち》の熊野三山から構成され、景観も歴史もそれぞれ個性的である。平安時代中期から鎌倉時代にかけては、上皇や貴族による熊野詣《くまのもうで》が流行し、「伊勢へ七度《ななたび》、熊野へ三《み》度《たび》」と言われ、「蟻《あり》の熊野詣」と称されるほどで、身分や階級を問わず、多くの人々が熊野に憧れを抱き、難行苦行に耐えて熊野を目指した。王都に暮らす人々は、山奥の異郷の地、熊野へ参詣して、救いと甦《よみがえ》りを求めたのである。一方、熊野信仰は中世以降、日本各地に広がって個性的な展開を遂げた。▲

本書は各地に伝播《でんぱ》した熊野信仰が神楽《かぐら》を生成して地域的展開を遂げた諸相を考察し、聖地の根源的力とは何であったかを探求する。神楽とは歌舞音曲で神仏と交流し、神遊びや仮面による能舞《のうまい》、神がかり、死霊の鎮《しず》めや悪霊の攘却《じょうきゃく》などを行った祭祀芸能である。熊野と神楽を二つの視点から考える。第一は熊野信仰の中核にある湯の信仰に基づく湯立《ゆだて》が湯立神楽として展開した過程の考察と、第二は熊野の起源と由来を説く縁起が各地に伝播し、その中から神楽が生成されていった過程の考察である。考察に際しては、熊野信仰の伝播と展開に果たした山岳信

熊野詣と熊野信仰　熊野の概要は『別冊太陽　熊野——異界への旅』（山本殖生構成、平凡社、二〇〇二年）を参照。

仰と修験道《しゅげんどう》の役割を重視し、縁起や物語、祭りの特性を交《まじ》えて、神楽を通して聖地の根源的力を明らかにする。

飾り物　白蓋、白開、玉蓋、天蓋、錦蓋、湯蓋、雲、あま、梵天、大乗、まんがいなどと呼ばれる。五色や白色の切紙で作る。

一▶湯立から湯立神楽へ

日本の民俗社会では湯立と呼ばれる儀礼が、修験《しゅげん》・巫女《みこ》・僧侶・神職・行者などによって行われてきた。湯立は、祭場の中央に火を焚《た》き湯釜を置いて湯を沸かし、周囲を注連《しめ》で結界して、釜の上に湯蓋《ゆぶた》や白蓋《びゃっかい》などの飾り物▲を吊るして、神霊を迎え祀《まつ》り、清めの湯を献上し祈禱する。笹や御幣《ごへい》で湯をかき回し、湯釜の周囲に振りまき、最後には釜の湯を自らがかぶり、神意を伝える託宣《たくせん》を行うこともある。周囲の人々は湯で清められて蘇《よみがえ》ると信じ、湯の花を浴びて身体堅固や家内安全を願った。

湯立の起源に関する確実な記録はない。伊勢の起源説が唱えられるが▲、熊野も有力である。熊野本宮には建久九年（一一九八）四月二十二日銘の鉄製大湯釜（図1）がある。銘のある遺品では最古で、源頼朝の奉納と伝える▲。

現在行われている湯立は三種類に分けられる。第一は神事としての湯立で、神社の社殿の前庭などで湯をたぎらせ、清めと神意の伺いを

伊勢起源説　本田安次の提唱である。本田は日本の神楽を巫女神楽（巫女主体）、出雲流神楽（採り物主体）、伊勢流神楽（湯立主体）、獅子神楽（獅子主体）に分類した。『神楽』（木耳社、一九六六年）。

鎌倉時代の湯釜　東大寺の「鉄湯船」（建久八年・一一九七）や興福寺の鉄湯釜は、大湯屋《おおゆや》での使用で、湯立と関連せず銘もない。

図１　熊野本宮鉄製大湯釜（熊野本宮大社蔵）。建久９年（1198）の銘がある。

目的とする。近畿地方では巫女が行う湯立も多い。第二は修験道儀礼としての湯立で、不動明王と一体化し三足《みつあし》の湯釜の湯を浴びて験力《げんりき》を示す。切紙《きりがみ》▲では験術としての「湯立之大事」などと記され、山岳修行の入峰《にゅうぶ》（峯入り）に先立つ清めとしても行われた。火渡りと先祖供養や精霊供養を併せ行うこともある。▲第三は湯立神楽で、釜の周囲での舞を主体とし霜月祭祀▲と結合しているところが多い。舞殿の天井に飾り物を吊るし、仏堂の荘厳《しょうごん》にも類似した造作をする。周囲の注連縄には、切草▲（紙飾り）をつけ、五行の色、五大尊、東西南北、春夏秋冬、神社の鳥居、四季の花、供物などをかたどる。

湯立は、神と仏の双方の祈願・祈禱に関わり、機能も、神意を知る、験力の誇示、先祖供養、死霊の慰霊など多様であった。湯立の歴史や伝播は錯綜しているが、本書では、各地に広まった熊野信仰と湯立や湯立神楽との関係を通じて、仏教と民俗の接点において修験の果たした役割や、儀礼と神楽の持つ意味を考察し、聖地の根源的な力を探究してみたい。

1　熊野信仰の中核

小栗判官と湯の峯

切紙　儀礼や教義の秘密の口伝や奥義を伝授する時の書き物をいう。

火渡りと……　青森県木造町吹原弘法寺（真言宗）の「火生三昧祈禱会《かしょうざんまいきとうえ》」（旧暦七月二十一日）では、修験者が湯釜の中に入って座禅を組む「火生三昧」を行い、火渡りを執行し、先祖供養や先亡精霊《せんもうしょうりょう》の流水供養を行うなど複合的構成になっている。

霜月祭祀　霜月は旧暦十一月のことで一年で最も日照時間が短くなるので、人間の身体の力も衰えるとされ、祭り、特に神楽によって活力を回復させる。

切草　紙を切って物の形にする。ザゼチ、ゑりもの、千道《ちみち》、百道《ももみち》、八橋《やつはし》、ヒイナなどと呼ばれる。宮城の牡鹿《おしか》郡法印神楽では「四節《しせつ》」という。

小栗判官の蘇生譚　小栗は京都の深《み》泥池《どろがいけ》の大蛇と契った罪で常陸に流された。武蔵国で相模郡代の横山氏の一人娘、照手《てるて》姫《ひめ》を見初め強引に契ったので親の怒りをかい毒殺される。

小栗は冥界に堕ちるが閻魔に許され餓鬼阿弥の姿で甦る。藤沢の上人の助けを得て土車に乗せられて多くの人に引かれて熊野の湯の峯を目指す。照手姫は美濃国青墓で下女奉公をしていたが、土車を引き先導して熊野へ詣で、小栗は湯に浸かって甦る。中世末の説経節を原型とし、浄瑠璃や歌舞伎にも脚色された。

図２　『小栗判官』（寛文６年版絵入）。大阪大学附属図書館赤木文庫本。

熊野信仰の中核には湯の多義性がある。本宮から一山《ひとやま》越えた湯垢離所《ゆごりじょ》の湯の峯温泉は、餓鬼阿弥《がきあみ》となって冥界から戻った小栗判官の蘇生譚《そせいたん》▲で名高い（図２）。説経節『をぐり』（寛永年間）によれば、「「熊野本宮湯の峯に、お入れありてたまわるものならば、浄土よりも、薬の湯を上げべき」と、閻魔大王《えんまだいおう》様の、自筆の御《ご》判《はん》据わりたもう」とあり、小栗が湯につかると四十九日で蘇生《そせい》した。熊野権現が山伏▲となって現れて、二本の金剛杖《こんごうづえ》を渡し、そのうち一本を音無川《おとなしがわ》に流すと冥途《めいど》に赴く時の弘誓《ぐせい》▲の船となり、他の一本を持ち帰れば侍ならば所領を得ると説く。『説経祭文　小栗判官・照手の姫』▲（薩摩若太夫正本）では、

紀伊の国熊野本宮の湯の峯へ登り、冥途黄泉《よみ》より沸き出る薬湯の威徳《いとく》にて、何なく本復仕《ほんぷくつかまつ》り、有り難くも、熊野権現の御告げに任せ、かく行者姿となって遥々《はるばる》尋ね参って候

とある。冥途から湧き出る薬湯の威徳で蘇生し、熊野権現のお告げで行者姿となって修行する小栗の姿が語られる。熊野の湯は、黄泉と現世をつなぐ薬湯であり、浄土往生と現世利益《げんぜりやく》の願い、再生・蘇生への期待が籠《こ》められ、薬師如来の信仰と習合して病気治しの願いが託され

図3　湯の峯の東光寺。本尊薬師如来。河原に小栗判官蘇生の地と伝える「壺湯」がある。

た。修験道の再生観が可視的に示される場となっている。

湯の峯には湯の花が石化してできた薬師如来が東光寺（図3）に祀られている。ユノミネとは、尊像の「湯の胸」から噴き出す温泉の湯の様相に因《ちな》む名称ともいう。湯の峯には、照手姫《てるてひめ》が小栗判官を乗せて引いた土車《つちぐるま》を乗り捨てて埋めたという「車塚」や、小栗判官が浸った「壺湯《つぼゆ》」など伝説地が残り、ハンセン病の治癒も行われるなど、湯による癒しや再生の伝承が語られてきた。能の『熊野《ゆや》』のように熊野はユヤとも読み、湯との関連は深い。

湯登神事

本宮の例大祭では四月十三日に湯登《ゆのぼり》神事が行われる。十二人の稚《ち》児《ご》（三歳以下）が本殿参拝の後、境外社の真名井《まない》社まで渡御《とぎょ》し、湯の峯に移動する。湯屋《ゆや》（斎屋《ゆや》）▲での湯垢離《ゆごり》による潔斎の後、湯粥《ゆがゆ》を食べる。父親に肩車された稚児は、神職・修験・氏子総代等とともに山を越えて本宮に向かう。「大日越《だいにちご》え」という（図4）。稚児は神仏のお使いとされ、拝所で八撥《やさばき》の舞▲をする時以外は大地に足を下ろさない。稚児の額には「大」の文字が書かれ、大日如来▲との同体化を表す。幼い清浄な子供は憑依《ひょうい》されて神霊の乗り物となる。湯の峯王

山伏　山伏は修験と同じ意味で、山岳修行で山の霊力を身体に取り込むとともに神仏と交流し、里では民衆の現世利益の願いに応えて加持祈禱を行い神楽などの祭祀芸能も演じた。妻帯が基本で身近な野のカウンセラーであった。

子社で祭典があり、正装した稚児が伶人《れいじん》の笛に合わせて八撥の舞を奉納する（図5）。胸の前に小さい鞨鼓《かっこ》をぶら下げた子供たちが、「サガリヤソー、アガリヤソー」の掛け声とともに、撥《ばち》を持って左に三回、右に三回、さらに左に三回ほど回る。回って回り返す所作は「神つけ」の憑依儀礼であろう。巫女舞にも同様の所

図4　大日越え。稚児は肩車をされて大日山を越える。

図5　八撥の舞。湯の峯王子にて。

弘誓　菩薩が修行して悟りをひらき、すべての衆生を救済し彼岸に渡そうとする広大な誓願をいう。

『説経祭文　小栗判官・照手の姫』『小栗判官の世界』「八王子人形劇フェスティバル」（実行委員会、一九九五年）参照。

湯屋（斎屋）　「あづまや」と「いせや」が一年おきに担当したが、現在は「あづまや」に固定している。

八撥の舞　胸に羯鼓《かつこ》をつけて舞う。中世の遊芸者、放下《ほうか》の芸に遡り、狂言にも『鍋八撥《やつばち》』の演目がある。

大日如来　密教の中心尊格で宇宙の実相を仏格化した根本仏。一切の現実経験世界の現象は大日如来そのもののあらわれとされる。

作がある。囃《はやし》と神歌が奉納される。囃は「しらまゆみしらまゆみ　やがていのりの門を乞う」、神歌は「ならの葉音《はおと》と黄金《こがね》の鈴こそ鳴らし　みかぐらやよ　ありゃそーやーそー　ありゃそーやーそ」である。稚児は再び背負われて大日山に登り、月見岡《つきみがおか》神社の脇の樹木の下で八撥の舞を奉納する。ここにはもともとは大日如来を本尊とする大日堂があった。一緒に登ってきた修験は勤行《ごんぎょう》を行う。大日越えの後、夕暮れには大斎原《おおゆのはら》に「宮渡り」して真名井社に向かう。暗闇迫る神聖な井戸の前で奉納する八撥の舞は神秘的である。

　湯登は精進潔斎《しょうじんけっさい》して山に登り、稚児は十二所権現のお使いとして拝所ごとに八撥の舞を奉納して神降ろしをする。湯《ユ》は潔斎だけでなく、斎《ユ》にも通じ神降ろしも意味する。湯登は多義的な湯の意味づけで成り立つ。一方、四月十五日は本社に菊の造花で飾った「挑花《ちょうばな》」が四基奉納され本殿祭が行われる。午後は神輿《みこし》の渡御《とぎょ》行列が熊野川と音無川の中洲にある本宮の旧社地、大斎原へと向かい、「御田祭《おんださい》」となり大和舞《やまとまい》・田植舞・八撥の舞が奉納され、修験による柴燈護摩《さいとうごま》▲が執行される。祭りが終わると参詣者は「挑花」を争って取る（現在は花奪いは中止）。造花を田《たん》圃《ぼ》の畔《くろ》に挿すと虫害から逃れて豊作だという。大和舞では有馬村の花《はな》の窟《いわや》を歌い込む「有馬窟《いわや》の歌」と「花の窟の歌」が奉納される。▲御田祭が済めば「田植歌」を歌ってよいとか、苗代《なわしろ》に種籾《たねもみ》を下ろすと言われ、農耕儀礼の様相が強い。現在

柴燈護摩　野外で行う護摩法要で、信者の願い事を書いた護摩木を火に投じ、最後に火渡りをする修験道儀礼である。

大和舞では……　『日本書紀』神代の巻は伊弉冉尊《いざなみのみこと》の葬所を熊野の有馬村と記す。この窟屋が葬地と見なされている。二月二日と十月二日に季節の花と日の丸扇を結んだ錦の御幡《みはた》を窟の上と松との間にかけ渡す行事を行う。

本宮の故地で……　大斎原の社殿は明治二十二年（一八八九）の大洪水で流され、対岸に明治二十四年に再建された。

道者　熊野詣などの巡礼者、社寺参詣や山岳登拝をする者のこと。講組織の成員も道者という。

熊野では……　ユヤの漢字には湯谷や湯屋、斎屋が当てられることもあった。

では仏教色はほぼ払拭され、湯立も行われていないが、湯の象徴的意味は残った。

大斎原

大斎原《おおゆのはら》は、本宮の故地で熊野権現出現の霊地であり、音無川と熊野川の合流点の中洲にあった▲（図6）。『熊野権現御垂迹縁起《ごすいじゃくえんぎ》』には「大湯原」とある。本宮では「湯」と「斎」は重なり合い、降臨・憑依・顕現・潔斎の意味が混淆《こんこう》していた。道者《どうしゃ》▲は音無川を渡り、「濡藁沓《ぬれわらうづ》の入堂」で潔斎して本宮に参詣した。潮垢離《しおごり》・水垢離《みずごり》を続け清浄さを得た道者は、湯立や神楽を奉納して顕現する神霊と直接交流し、託宣や夢告を受けた。熊野権現は死後の浄土往生を確証させるとともに、病気治しや健康祈願など現世利益を成就する現世と来世の二世の祈願に応えるとされた。熊野信仰の中核に「湯」や「斎」の観念があり、清めや潔斎だけでなく、寄る・つく・いつくなど多義性を持つ。熊野ではユの持つ意味は大きかった▲。日本各地の湯立や湯立神楽は、熊野信仰の伝播に伴い、熊野の湯の多義性の思想の影響を受容し、地域で独自の解釈を施し、修験と民衆の出会いの場を作り出していったと推定される。

図6　大斎原の古図。熊野本宮并諸末社図絵（熊野本宮大社蔵）。江戸時代中期後期。右側を熊野川、左側を音無川が流れる。

2　各地の湯立と熊野

大元神楽と熊野

湯を主体とする儀礼として展開した湯立は、湯の動き、湯気に神意を感じ、湯を浴び、占いや託宣を得るなど、神霊との直接交流を可能にすると信じられて、多様な祭祀形態を生み出した。日本各地の湯立の神事や湯立神楽には、熊野信仰の影響が色濃く残っている。島根県邑智《おおち》郡を中心に七年ごとの霜月に行われる大《おお》元《もと》神楽は、大元神を迎え祀り、神事・神事舞・儀式舞・能舞の三十三番の舞を奉納する。その次第は、儀式舞「四方堅《しほうがため》」―神事「清湯立《きよめゆだて》」「荒神祭」―儀式舞「潮祓《しおばらい》」―神事「山勧請《やまかんじょう》」「神殿入《こうどのいり》」「献饌《けんせん》」「大祓連続《おおはらいれんぞく》」「奉幣《ほうへい》」「祝詞奏上《のりとそうじょう》」と続き、その後は面を使う能舞となり、最後に神がかりの託宣がある。▲注目したいのは、冒頭部分で行われる「清湯立」で、屋外に青竹を立て、注連縄《しめなわ》を張り、湯釜を据えて湯をたぎらせる。神主の祝詞奏上の後、湯を取り仕切る支取《しと》りは「湯かき幣《べい》」で湯をかきまわして清浄な「湯の花」をいただき、神殿へ献上して、四囲を祓い清める。続いて「荒神祭」で、荒ぶる神々を鎮め、家々の竈《かまど》の火に災いがないように祈願し、神楽の成就を願う。「清湯立」は水と火による祭場の清めで、

その次第は……　大元神楽に関しては邑智郡大元神楽保存会編『邑智郡大元神楽』（邑智郡桜江町教育委員会、一九八二年）を参照。

熊野なる　谷の清水を　御湯にたて　我立ち寄らば　氷とぞなる。［……］

おもしろや　水は湯となる　熊野なる　この湯の花を　神に手向《たむ》くる

と神歌がうたわれ、湯は熊野の湯と観念される。熊野と湯の強い結びつきは、祭祀芸能を支える熊野信仰の清めや再生力への信頼に基づいていたと推定される。

いざなぎ流と熊野

高知県香美《かみ》郡物部《ものべ》村《そん》（現・香美市）の「いざなぎ流御祈禱」の基本は家祈禱《やぎとう》（宅神祭《たくじんさい》）であるが、大祭は、取り分け―精進入り―湯立・湯神楽―礼神楽―大黒柱の祈り・庚申《こうしん》様の礼拝―本神楽（御崎《おんざき》様・御子神《みこがみ》・天の神）―恵比寿《えびす》神楽―日月祭・取り上げ―鎮め―神送り、から構成される。▲「湯の行事」（湯立・湯神楽）は、飾り付けをして、舞台ができた後に行われ、神々や氏子を清める（図7）。前半の湯立では、竈に供物を置き、釜まわりに土公幣《どくうべい》を立て、湯釜前で

大祭は……　いざなぎ流に関しては、『いざなぎ流の宇宙――神と人のものがたり』（高知県立歴史民俗博物館、一九九七年）を参照。

図7　いざなぎ流の湯立。湯立の湯は熊野の湯とされる。物部村岡の内（1996年1月）。

祭文《さいもん》や神歌を唱文《しょうもん》する。湯が沸くと方割《ほうわ》り▲して米を入れ「米占《ふま》い▲」を行い、「りかん」と称して当日の目的を太夫が述べる。そのくだりは、

熊野の新宮本宮の湯釜の上に祈り入り影合《ようごう》なされて、当年よとし又来るよとしとりて

と唱える。引き続く「湯伏せ・火伏せ」では、「このや御湯の伏せ鎮めの前立て後立てには熊野の権現様を行い請じ参らする」（小松豊孝太夫）として、前立て後立てに熊野権現を勧請《かんじょう》する。後半の湯神楽では、役者は笠をかぶり、釜のまわりに立って神楽調子で唱文する。「大小神祇《じんぎ》様をは、熊野の新宮本宮の御湯の上へは送り迎えて伺い頼んで御座れば、湯釜の上より、役者の持ちたる三尺の玉の御幣、うづが折目をこれのりくらで、湯ボテ火ボテこれのりくらへ［……］」と、湯ボテ▲に釜の湯を浸し、神々、舞台、供物、氏子を清め、唱《とな》え言《ごと》が「これより下には地神荒神大土《だいど》公荒神《くうこうじん》、湯釜の上を三処はいちめに清める者は、［……］」と続く。熊野の新宮本宮の御湯の上へ神々を送り迎え、湯ボテ火ボテにのり移らせて釜の湯を浸し、すべてを清めて後、下方の地神・荒神・大土公荒神を鎮める。湯立の湯は、熊野の湯と観念され、繰り返し湯を奉納すると神々の地位は上昇する。

方割り　祓い幣の元を湯に差し込み、東→中→南→中→西→中→北→中と動かして時計回りに湯をかき混ぜる。

米占い　釜の中での米の具合で、家・組・集落の出来事を判断し、台風や火事などの災難も占う。米粒は通常は釜の底に集まるが、散った場合はその方位が悪いことを表す。

湯ボテ　ボテとは棒のことで、湯ボテで湯をかき回す。火ボテは火を整える棒である。

土公　陰陽道の神で土や大地を司《つかさど》るとされ、仏教の天部の堅牢地神《けんろうじじん》と同一視される。

これをクラへと呼ぶ。荒ぶる土地の神霊である荒神・土公▲・地神・火神などは熊野の湯で制御可能となる。儀礼には修験系の行者や太夫、民間陰陽師《おんみょうじ》の関与が推定される。湯は水と火の合体で、その生成の秘儀には熊野と湯の強固な結びつきがある。この地域は、中世には「大忍庄《おおさとのしょう》」と呼ばれ、鎌倉時代は熊野の荘園で歴史的関係が深く、海岸部の徳王子《とくおうじ》▲には熊野権現の御子神《みこがみ》▲の若一王子《にゃくいちおうじ》▲が勧請され、熊野から飛来するとされる烏に供物を与える秘祭を執行した。湯立の本拠地と見られる熊野は、政治力や経済力を失っても、水と火の合体による湯を儀礼の力とし、時空を越えて日本各地の祭祀や芸能を潜在的に統御していたのではないだろうか。

3　熊野の湯立と神楽

湯釜の遺品

湯立の歴史的研究▲は皆無に近いが、熊野での湯立の歴史を断片的にたどり、全国への伝播の様相を把握すれば、修験と民俗の融合の諸相や熊野の湯の儀礼の想像力を明らかにできるであろう。熊野本宮には湯立に使用したと見られる建久九年（一一九八）の鉄製大湯釜があり、現存最古の銘のある遺品で源頼朝の奉納と

徳王子　高知藩領の香美郡王子村・徳善村が明治十六年（一八八三）合併して徳王子村となり、何度かの合併を経て平成十八年（二〇〇六）に高知県香南《こうなん》市香我美《かがみ》町徳王子となった。王子の名のとおり熊野信仰と関連が深い。

御子神　主神に随従する神で、熊野では童子の姿で表現され王子（王子神）と呼ばれる。主神に対して子神に位置づけられる。八幡や春日の場合は若宮と呼ばれる。

若一王子　熊野の神々の総称は熊野十二所権現で、三所権現（本宮・新宮・那智）と御子神の五所王子、眷属の四所明神から構成され、若一王子は五所王子の第一位とされる。眷属とは仏・菩薩・権現に随従する神々のこと。熊野では王子の下に位置付けられる。

湯立の歴史的研究　湯立の起源を、湯のなかに素手をつっこんで火傷《やけど》するか否かで正邪を判断する古代の神判《しんぱん》の「盟神探湯《くがだち》」に求める説もあるが、連続性をたどれる史料はない。

伝える。次に古いのは、大阪府天見《あまみ》八幡神社の延元五年（一三四〇）作の湯釜で、三足の湯釜としては最古の在銘遺品である。葛城山の峯入りの二十八宿の第十六番「流谷金剛童子《ながれたにこんごうどうじ》」に近いので修験の儀礼と関わるかもしれない。鍔《つば》をめぐらした羽釜に獣脚三足を備える形で、羽の上面に鋳造銘がある。静岡県森町の小国《おくに》神社に残る湯釜は、銘はないが、神宮寺であった蓮華寺（天台宗）の遺品である。熊野十二所権現を祀り、本殿左側の並宮《なみのみや》王子社の祭神は速玉男命《はやたまおのみこと》で（新宮）、神主の小国氏は王子社に奉祀する時は鈴木氏（新宮社家と同姓）を名乗り、社殿は明治十五年（一八八二）以前は権現造《ごんげんづくり》で熊野との関係が深かった。境内に滝宮（那智）、背後に本宮山がある。遠江国は平治元年（一一五九）、仁治二年（一二四一）、元亨三年（一三二三）、文和四年（一三五五）に、熊野の新宮の造営国であった。小国神社の南方、海岸近くの横須賀には、那智・新宮・本宮を勧請した三熊野《みくまの》神社があり影響は強い。十二世紀後半の熊野三山の確立期には、湯釜と結合した湯立の儀礼が各地に伝播した様相がうかがえる。

湯釜の意味

熊野での湯立は那智参詣曼荼羅（図8）に描かれている。製作年代は十六世紀から十七世紀と推定されるが、ほぼすべての曼荼羅の中心に「湯釜」が描かれて

葛城山　奈良盆地の西にそびえる山で、『続日本紀』文武天皇三年（六九九）五月二十四日条は役小角《えんのおづぬ》がこの山に住み呪術を駆使したと記す。鎌倉時代には大峯山と並ぶ山岳修行の場となり、役小角は役行者として修験道の開祖に祀り上げられた。

峯入り　修験（山伏）は山を仏菩薩が居《い》ます金剛界と胎蔵界の曼荼羅とみなし、峰々をたどって神仏と交流し、山の霊力を身に憑《つ》ける修行を行った。この修行を峯入りと名づけ、春夏秋冬に行った。密教の影響を受けた山岳修行である。

二十八宿　江戸時代には役行者が峰々に法華経八巻二十八品《ほん》を埋納したという伝承が生まれ、拝所を二十八宿とし、大峯山は真言密教の胎金両部の「密教の峯」、葛城山は法華経を埋経した「顕教の峯」とした。

いる。湯釜の場所は、如意輪堂《にょいりんどう》（現在の青岸渡寺《せいがんとじ》）の前、礼堂脇にある小祠の前で、巡礼の道者が大門から田楽場《でんがくば》に登って行く道筋にあたり、前に小鳥居を描く絵画も伝わる（闘雞《とうけい》神社・武久家・吉田家蔵本）。佐渡旧相川町の旧本山派（天台宗）修験常学院《じょうがくいん》本は湯釜の脇に「神楽所」と記し湯立神楽の可能性もある。こ

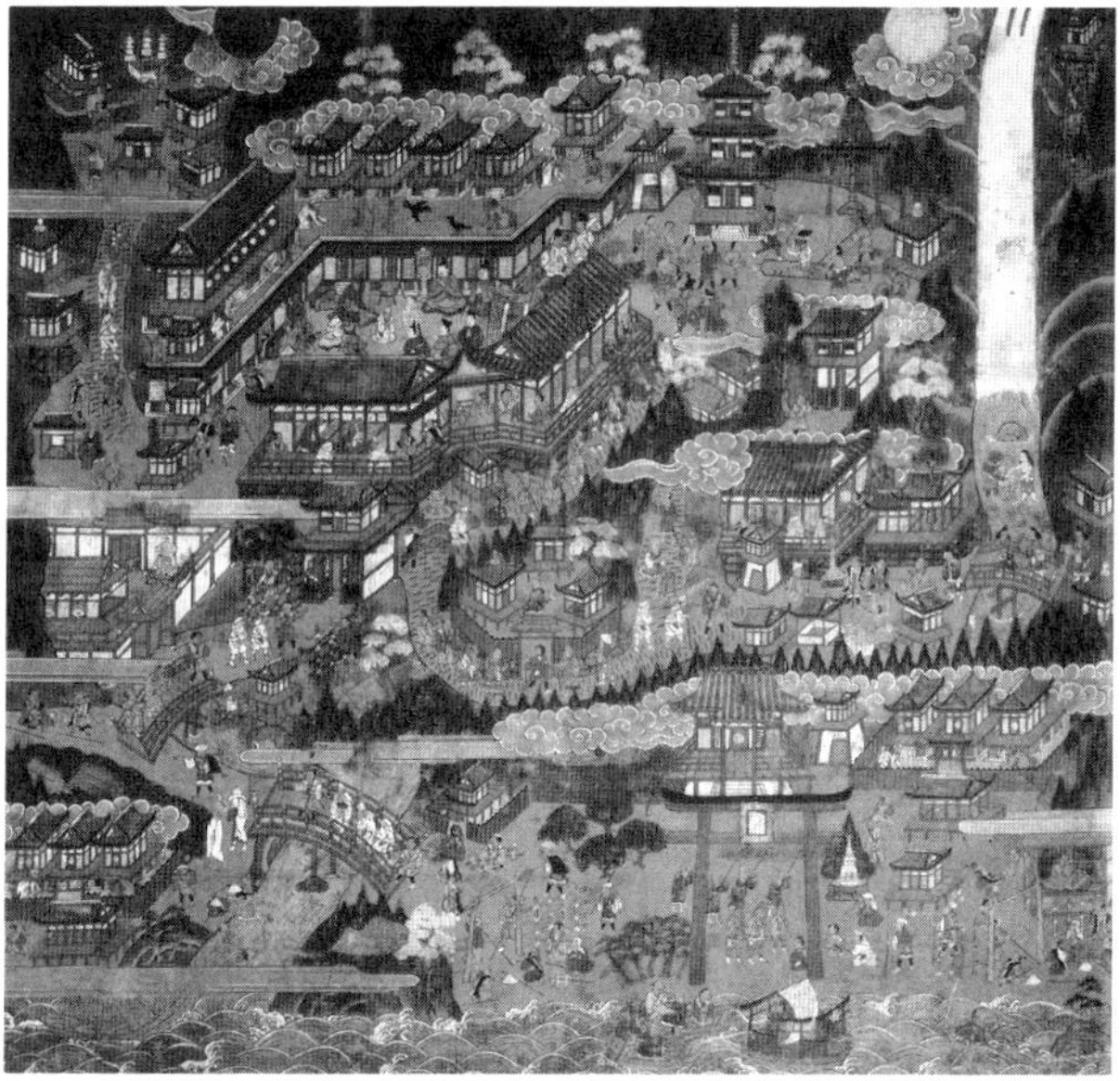
図８　那智参詣曼荼羅（熊野那智大社蔵）。

熊野三山　三山の成立は『三宝絵詞』「熊野八講会」（永観二年・九八四）の「紀伊国牟婁《む ろ》郡に神居《い》ます。熊野両所、証誠一所……両所は母と娘也。結、早玉と申」が初見と推定されている。

那智参詣曼荼羅　熊野権現の勧進のために各地を遊行《ゆぎょう》した熊野比丘尼が絵解きに使ったと推定されている。所蔵先は、補陀洛山寺・那智大社・三重県西光寺・国学院大学など三十一本である。

の小祠は一体何か。なぜ湯釜が描かれているのだろうか。湯釜を那智参詣曼荼羅の中央に位置づけて描く理由は何か。私の仮説は龍に代表される荒ぶる地主神を法力を用いて鎮め祀る意味が湯立にあったと考える。『熊野山略記』（永享二年・一四三〇）所収の「三山御在所ノ事」は次のように記す。

那智山ハ、神龍ノ地ニ伏セル胎金《タイコン》ノ権跡ナリ。之ニ依リテ神龍ノ頭上ニ如意輪堂ヲ建テ、尾上ニ滝本拝殿ヲ立ツ。是レ法味ヲ喰受《ショクジュ》シテ、神龍出ザルノ計略ナリ。（中略）毎年五月四日ノ夜、滝本ヨリ六十体面ヲ上ゲ、火ヲ燃シテ如意輪堂ニ参ル。即チ龍蛇ノ火焔ナルノ表示ナリ。上下入堂ノ通路ハ斯《コ》レ蛇ノ背上也

那智は金剛界胎蔵界の両部曼荼羅世界で、神龍が地に伏せた形をなしており、龍の頭上に如意輪堂を建立し、尾の上に千手観音を祀る滝本拝殿を建立して仏法の力で封じたが、毎年五月四日には龍が蘇り火焔となって如意輪堂に参るという。那智に住む古老の滝行者の伝承では、龍の頭は如意輪堂、胸は妙法山、腹は大滝の上の最勝峯、尾は光ヶ峯に伸びるという。入堂道は龍蛇の背にあたる。『熊野

この小祠は…… 西山克は小祠を「鎮守社（荒神社か）」と指摘する。西山克『聖地の想像力――参詣曼荼羅を読む』（法蔵館、一九九八年）、一八〇頁。

両部曼荼羅世界 曼荼羅は本質・真髄を得る意味で、仏の悟り、無上正等覚の本質を会得すること。密教では仏菩薩などを方形や円形に体系的に配列して図示し修法場にかけて観想した。『金剛頂経』を所依《しょえ》とする金剛界曼荼羅、『大日経』を所依とする胎蔵界曼荼羅を総称して両部曼荼羅といい胎金《たいこん》一如を説く。修験（山伏）は山を曼荼羅世界とした。

最勝王経　正式名は金光明《こんこうみょう》最勝王経という。鎮護国家や除災招福を祈る経典として、仁王《にんのう》般若経、法華経とともに護国三部経と言われた。国家平安を祈る宮中最勝講は十一世紀に始まり、院政期に隆盛を極めた。

山略記』には、最勝峯は那智の開山とされる裸行《らぎょう》上人が最勝王経《さいしょうおうきょう》▲を書いて奉納した山、光ヶ峯は十二所権現が現れて仁徳天皇の代に初めて光が差した山、妙法山は空勝《くうしょう》上人が一字三礼して書写した法華経を石塔に奉納した山であるという。那智の大滝を巡る山々は、最勝峯と光ヶ峯は西と東、最勝峯と妙法山は北と南、光ヶ峯と妙法山は北東（丑寅《うしとら》・鬼門）と南西（未申《ひつじさる》・裏鬼門）、南東は海に向かって開ける。大滝を取り巻く山々の全体が龍にたとえられ、峰々には仏教遺物が納められているという。一群の伝承は自然の力と仏法の力の拮抗《きっこう》を表すものとして把握できるのではないだろうか。つまり、那智山には三つの聖山があって龍がわだかまり、各部位を仏法の経文の力で押さえ、特に龍の頭と尾には如意輪観音と千手観音という二種の観音を鎮座させた。荒ぶる龍の肢体（尾→腹→胸→頭）の流れは負の表象である。龍が火焰となって押し寄せる五月四日の伝承は、那智の火祭り（扇祭り、旧六月十四日、現行七月十四日）を彷彿《ほうふつ》させる。

那智の火祭り

火祭りでは那智大社での大和舞《やまとまい》・田楽舞《でんがくまい》・田植舞《たうえまい》の奉納の後、大滝を象徴する十二体の扇御輿《おうぎみこし》が御滝本の飛龍《ひろう》神社に渡御する。出発前に、滝に向かって「ザァザァホー」と呼びかける。神降ろし、龍への呼び掛けかもしれない。「子《ね》の使《つかい》」

を先頭に、馬扇《うまおうぎ》、十二体の松明《たいまつ》、十二体の扇御輿が下る。扇御輿は「蛇体」を染めた布に鉢巻き姿の「扇指《おうぎさし》」と呼ばれる旧神領の市野々《いちのの》の人々による奉仕である。途中の「伏拝《ふしおがみ》」では大滝に向かって扇を立てて宮司以下供奉《ぐぶ》の者が拍手《はくしゅ》して扇を褒《ほ》める。「使の松」の一・二・三と松明は先に滝本の飛龍《ひろう》神社に参向し、祭典の後に一の使が斎火《いみび》を点じた「使の松」を掲げて再び石段を駈《か》け登り、「子の使」と火合わせをして渡御を招請する。二の使、三の使も同様にして、「使の儀」が終了すると、光ヶ峯の遥拝《ようはい》が行われる。御滝正面拝所から、遥拝所の「光り石」を介して、烏の形の帽子を被った権宮司《ごんぐうじ》が▲「打松《うちまつ》」と呼ばれる棒で「火」の字を描く秘事である。これと同時に大松明に斎火がともされ、白装束・白鉢巻の神役が肩に担ぎ、「ハリヤハリヤ」と唱えて石段を駈け登り扇御輿を迎える。炎が揺らぎ火の粉の海になる壮大な火祭りである（図9）。御滝本では権宮司が「打松」で扇御輿を順番に打つ「扇褒《おうぎはめ》」が行われる。御滝正面に十二体の扇御輿が立てられて祭典が挙行され、田刈舞《たかりまい》が奉納されて終了する（図10）。

　松明の火の滝本への下向、光ヶ峯の遥拝は五月四日の行事との関わりがあるのではないか。龍は滝に棲む水神でもある。「三山御在所ノ事」が記す龍の出現日は端午の節句の五月五日の前日であり、端午には菖蒲《しょうぶ》で魔物を家に侵入させない対策をとる。▲龍が蘇ると火焔となって如意輪堂に参るとされ、入堂道は龍蛇の背

烏の帽子を被った権宮司　江戸時代には烏の形の帽子は修行する滝籠《たきごもり》衆《しゅう》が被っていた。烏は熊野権現のお使いである。

龍の出現日は……　端午の節句は病気や不幸を追い祓う日で「大悪日」ともされる。前日の夜に龍が暴れることと関係するかもしれない。

図10　那智の大滝の前での田刈舞。

図9　那智の火祭り　石段を上下する松明。

にあたるという。龍は山の自然の力や荒ぶる霊を体現した両義的な存在で、人々に恩恵をもたらすとともに脅威となる。山を龍蛇に見立てる伝承は山が水分《みくまり》（水源）や「水の貯蔵庫」（水蔵《みずくら》）と観念されているからで、農耕を営む者にはいのちの源泉であった。山即水。水即山。龍は山の水の多義的な表象で、那智の水の主は滝そのものの飛龍《ひろう》権現となり、山の神と水の神は観音に変容して信仰された。

那智参詣曼荼羅

那智参詣曼荼羅で振架瀬《ふりかせせ》橋の下に描かれる神龍に乗る童子は那智山の神霊のお使いであり、大滝のなかに描かれる火焔は滝行を守護する不動明王▲を表す。那智の滝籠衆《たきごもりしゅう》は、大滝だけでなく、「奥」や「裏」の行場のすべて、四十八滝を巡って断食《だんじき》と山籠《やまごもり》と滝行を行っていた。『三山御在所ノ事』によれば、山中には那智七滝、七水、七木（北斗七星の影向《ようごう》）があり、七石の岩屋には摩多羅神《またらじん》▲も祀られる。滝行者・滝聖《たきひじり》は滝禅定《たきぜんじょう》の制を定めて、修行の秘法を口伝で伝えていた。修験は湯立で水や火を統御し、龍に表象される自然の力を和《なご》め、その力を身体に祝い籠めたのである。

仮説として提示したいのは、観音寺院である如意輪堂の下に龍の頭があるという伝承を踏まえて、龍の頭上で湯立や神楽を行うことで荒ぶる地主神である神龍

不動明王　大日如来の教令輪身《きょうりょうりんじん》（荒ぶる姿で民衆を教化）とされ、火炎を背負い倶利伽羅龍《くりからりゅう》を従えて、火と水を統御する。滝そのものとする記述は『作庭記』（正応二年・一二八九）に遡る。

摩多羅神　天台宗の常行三昧堂の後《うしろ》戸《ど》の神で、念仏の守護神、芸能の守護神、玄旨帰命壇灌頂《げんしきみょうだんかんじょう》の本尊とされる。頭上に北斗七星を頂いて鼓を打つ姿で描かれ、笹葉・茗荷《みょうが》を持って舞う二童子を従える。

を鎮め、仏法の力で封じ込めたのではないかということである。地主神の龍は、水と火を融合させ統御する湯立によって守護霊に転化される。人間の生み出した火の技法で水を統御する。観音もまた土地の水神や女神や石神の要素を換骨奪胎して取り込む。那智では、湯立は龍の頭上という特別の場所で行われる。曼荼羅の中央の湯釜は龍の統御のためではないか▲。そこは、大滝や妙法山と並ぶ、那智における根源的な場である。湯立は単なる清めの儀礼ではない。湯立が多くの儀礼の冒頭や最後に行われる理由は、神仏を勧請した上で、土着の神霊を鎮め祀る技法を、儀礼の担い手たちが持ち伝えていたからである。

修験は火を重視して、火焔を背負う不動明王と同体となったと観念し、火渡りや湯立や柴燈護摩《さいとうごま》を執行し、火生三昧《かしょうざんまい》▲の境地で、自らの験力を駆使して荒ぶる神霊を統御した。火は聖性を帯び、浄性を持つ特別な火が使用され、湯立の儀礼も洗練され複雑化した。修験の別名であり、原型とも言えるヒジリ（聖）の語源が「火治《ひし》り」、つまり「火の統御者」であるという説▲は実証しがたいが、湯立はこの説を想起させる事例である。

熊野三山の湯立と神楽

熊野では、中世には那智だけでなく新宮や本宮でも湯立や神楽が行われていた。

曼荼羅の中央の湯釜は……　新宮の場合は、「熊野御幸図」（和歌山県立博物館蔵）に、鳥居脇と社殿前に火入れした湯釜が描かれている。後白河法皇が京都に熊野権現を勧請した若王子神社伝来の原本を江戸時代後期に模写したものという。

火生三昧　不動明王が入るべき三昧とされ、智慧の火によって煩悩を焼き尽くす。火渡りでは修行者が不動明王と一体になったと観念される。火定《かじょう》ともいう。

ヒジリ（聖）の語源が……　五来重が『高野聖』（角川書店、一九六五年）で提唱した説である。

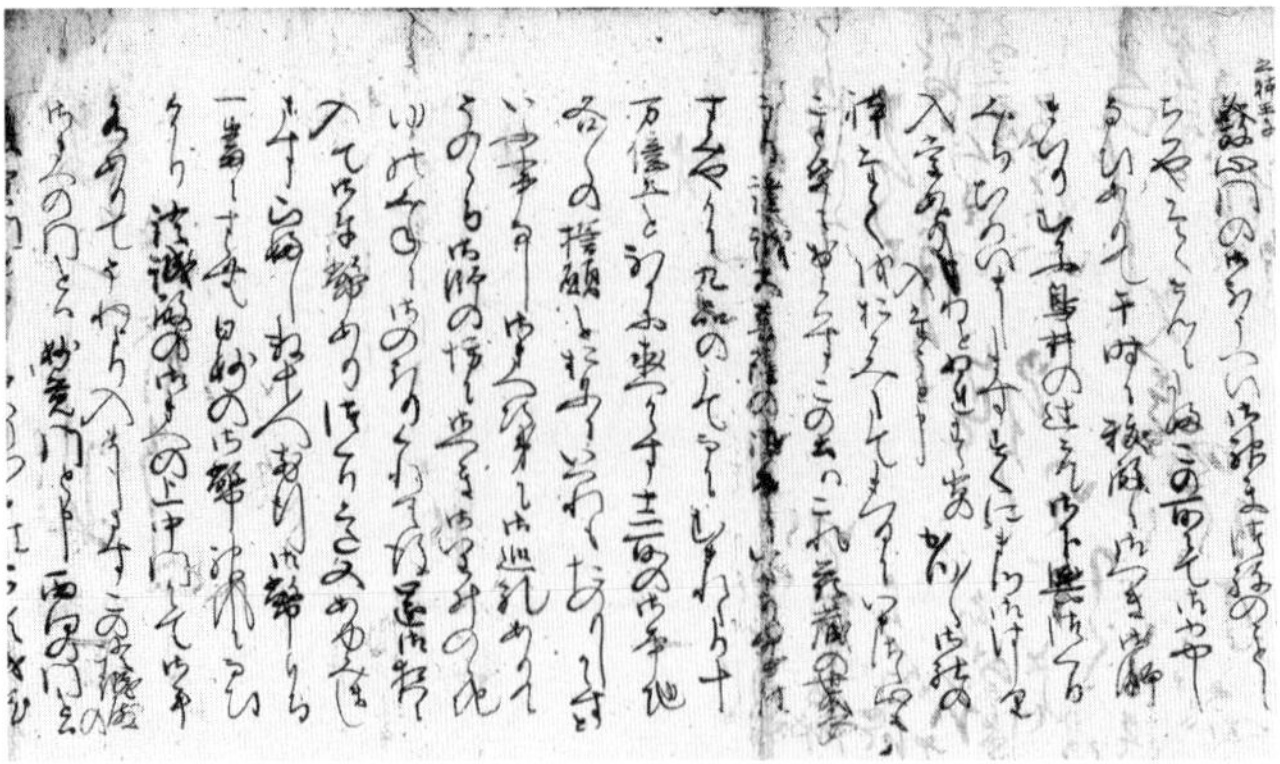

図11　実意『熊野詣日記』。9月28日発心門王子から本宮への記述。

実意《じつい》▲は『熊野詣日記』（応永三十四年・一四二七）（図11）で以下のように記している。

本宮「御奉幣《おんほうへい》終わりて、証誠殿《しょうせいでん》の御前の切床《きりとこ》にて、申上げあり。若殿の御前《みまえ》の切床《きりどこ》にて、初夜《しょや》の御勤め始まるによりて、この所にてあり。その後、神楽屋《かぐらや》に入御、御神楽《みかぐら》いと貴し。巫《かんなぎ》一面に立並びて、袖を振る事や丶久し。かくて、囃子《はやし》たてたる笛鼓の音、身の毛もいよだつばかりなり。鈴のお帯本結《もとゆい》、せいせい投げられたり。託宣《たくせん》給はる」

新宮「申上げの後、神楽屋に入御、御神楽又常の如し。託宣千早《ちはや》を給て、これをきつ丶舞事、手を尽くせり。昔は、新宮神楽、那智懺法《せんぼう》とて面白く貴き事に申侍《はべり》しに、今は無下《むげ》にいづれも衰へたり。されども託宣の言葉を聴く度には、涙を流し侍り」

那智「辰の初めに御奉幣《ごほうべい》あり。次第いつもの如し。［……］御奉幣終わりて申し上げの後、如意輪堂に御参りありて、それより滝本に参御」

本宮「両所の御前にて御湯立あり。西の御前の右の脇の白石に、畳み南北行に敷きまうく。これにて御聴聞あり。御湯立の中間に、注連縄に御小袖かけらる。事は果てての後、御下向《げこう》、作道《つくりみち》より地主《じしゅ》に御参りありて、御神楽参らせる。託宣の殊勝《しゆしよう》なるよし、皆々涙を流します」

実意は九月二十八日に、本宮の証誠殿に参拝して奉幣し、その前の「切床」で「申し上げ」をして、若殿の前の「初床」で初夜の勤行があり、その後に神楽屋で巫女による舞を見て感動し、最後に託宣を聞いた。十月一日に新宮の速玉《はやたま》社に参り、「申し上げ」の後に、神楽屋で「御神楽」を拝観して、「新宮神楽、那智懺《せん》法《ぼう》▲」の行法に想いをはせて後、託宣を聞いて涙を流す。十月二日に那智に詣で、奉幣の後に「申し上げ」、如意輪堂と滝本に参拝している。十月三日に再び本宮に参拝して、両所の前で「湯立」に参加・聴聞し、「地主」に参って神楽を拝観して託宣で涙した。当時の熊野詣は、熊野九十九王子を経巡《へめぐ》り、熊野三山を巡拝し、本宮参着を究極の目的として、各地で湯立と神楽と託宣が行われ、王子の幾つかでも神楽が奉納された。本宮の証誠殿は、上品上生《じようぼんじようしよう》▲の「九品《くほん》のうてな」、阿弥陀の浄土と観ぜられ、道者はここに詣でることで浄土往生を確証した。熊野信仰を支えていた浄土の思想と実践は、各地に伝播して地域で変容を遂げた。その一つが、「生まれ子、清まり、浄土入り」から構成される七日七夜の大祭、奥三河の「大神楽《おおかぐら》▲」であった。

実意　一三八六～一四五九年。京都の聖護院《しようごいん》の院家《いんげ》先達《せんだつ》、住心院の僧侶。応永三十四年（一四二七）、足利義満の側室北野殿と義満の二人の娘の熊野詣に際して先達を務めて記録を書き残した。室町時代唯一の熊野参詣の記録である。

懺法　法華懺法のことで、天台大師智顗《ちぎ》が定めたとされる法華三昧を修する法要。『法華経』を読誦し罪障を懺悔して後生善所《ごしようぜんしよ》を願う。二十一日間が正式である。

上品上生　浄土教では、極楽往生の階位を上品上生から下品下生までの九段階に分け、その最上位をいう。

大神楽　山本ひろ子「大神楽『浄土入り』」（『変成譜――中世神仏習合の世界』、春秋社、一九九三年）、一六五頁を参照。

図12　白山の浄土入りの復元図。早川孝太郎『花祭』から。

4　大神楽の「浄土入り」

大神楽

「大神楽」は、現在の愛知県北設楽《きたしだら》郡東栄町や豊根村にあたる地域で、数十年ごとに多くの村々が共同して行っていた神楽であった。数日にわたる湯立と神事と舞の奉納の後、神楽の功徳によって、最後に「白山《しらやま》」という仮設の祭場へ無明橋《むみょうのはし》を渡って入ることで、花の浄土に結縁《けちえん》して「浄土入り」を果たすと観念された（図12）。村人にとっては、人生の最後に行われる通過儀礼の意味も帯びていた。「大神楽」は、安政三年（一八五六）を最後に消滅したが、その断片は現在も霜月（十一月）の湯立神楽である「花祭《はなまつり》」の一部に受け継がれたとされている。▲「大神楽」は近世では天変地異や飢饉、疫病の流行などの深刻な災厄に見舞われた時に、身命をかけて神仏に救済を求めて行われ、願掛けの臨時の執行で「共同体の再生」を願った。その願が叶った暁に、豊年の吉日を選んで「願果たし」の神楽を行ったのである。また、「うたぐら▲」でも歌われるように個人が「生まれ清まり」によって病

その断片は……　大神楽や白山の浄土入りは、早川孝太郎による故老からの聞書きで明らかになった。早川孝太郎『花祭』（未来社、一九七一―七二年／初版、岡書院、一九三〇年）に詳細である。

気平癒や健康を願い、願掛けをして「願成就《がんじょうじゅ》」に奉納した。現在では、村々の年中行事として行われる農耕の収穫感謝の儀礼の色彩が強い。「浄土入り」には、熊野や白山《はくさん》、伊勢や諏訪《すわ》などさまざまな信仰が混淆して地域化し、「異種混淆の想像力」が渦まいていた。

奥三河では、江戸時代初期に豊根村古真立《こまだて》の曾川《そがわ》在住の修験先達《せんだつ》・万蔵院《まんぞういん》鈴木氏と、弟子の林蔵院《りんぞういん》守屋氏が「大神楽」の「浄土入り」の原型を作り、後に一日一夜の花祭として再構成されて各地区に広まったとされている。鈴木氏は熊野の新宮の社家と同姓であり、熊野から伊勢を経由してきた修験かと推定される▲。曾川の守屋氏は地元のお池様と熊野社の祝《はふり》で、三沢山内《やまうち》の幣取《へいとり》の林家は曾川万蔵院と家系がつながり、『神楽事』▲（慶長十二年・一六〇七）など教義書を伝える。守屋姓は諏訪の神長官《じんちょうかん》▲と同姓である。花太夫は林家が務め、「法太夫」と呼ばれて法力の保持者とされていた。花祭の最後の「花育て」では、人々が「花の御串《みぐし》」を杖につき、浄土の山を目指す祭文を唱えて釜の周囲を巡る。「湯立は神祭、花育ては仏教」といい、物故者供養も行うなど神仏混淆の行事であった。

修験と熊野

「大神楽」についての最も古い記録は豊根村三沢山内の鍵取《かぎとり》屋敷（榊原家）に伝

うたぐら　花祭で舞に合わせて歌われる神歌のこと。せいと衆と呼ばれる観客も一緒にうたい、上の句と下の句の掛け合いもある。

鈴木氏は……　武井正弘が修験との関わりを明らかにした。「花祭りの世界」『日本祭祀研究集成』第四巻（名著出版、一九七七年）。

『神楽事』　翻刻は「神楽事」（『本田安次著作集　第六巻　霜月神楽之研究』、錦正社、一九九五年／初版、明善堂、一九五四年）。

諏訪の神長官　諏訪の守矢《もりや》家は諏訪大社の祭神、建御名方命《たけみなかたのみこと》を勧請する前の土着の漏矢《もれや》神の子孫とされ、代々世襲で土地神のミシャグジを祀り、神長官として諏訪の大祝《おおほうり》を補佐してきた。

わる『御神楽日記《みかぐらにっき》』▲（天正九年・一五八一）で、そのなかの「神楽次第」には、「志めをろし」以下百番以上の演目が記されている。これによると、「白山《しらやま》」の「浄土入り」の次第は、「出立の喰茶湯《くらいちやとう》」「鬼不残出ス《おにのこらずだ》」「浄土の行」「七五三《しめ》の本戒《ほんかいを》読《よむ》」「浄土に本尊掛ける」「出家引導《しゆつけいんどう》」で、最後に「せんぽうにて終る」となる。「せんぽう」とは、那智《なち》懺法《せんぽう》を意味すると思われる。白山《しらやま》への「浄土入り」で唱えられた祭文「七五三《しめ》の本戒《ほんかい》」は、山内の幣取《へいとり》屋敷（林家）伝来の『神楽事』によれば、

ソレ九品浄土《クホンノジョウド》ト申ハ上品上生、中生、上品下生、中品上生、中生、中品下生、下品、即チ九品浄土トワ申也。下品下生ト申者《ハ》カグラノ事、中品中生申者、光元ノ事、上品上生ト申者山元滅罪《サンゲンメツザイ》ノ事、故　仁《カカルガユエニ》熊野仁手《ニテ》本宮　楽《ホングウカグラ》新宮クワケン、那知仙（法）サレ波《バ》是仁《コレニ》ヲイテ都エマイル御身《オンミ》四目《シメ》ト申也

とあり、後世には、「下品下生申者神楽之事、中品中生申者管弦《かんげん》之事、上品上生懺悔滅罪之事也。故熊野而本宮神楽新宮管弦那智懺法也。是《これ》法性真如都至御身《おんみ》七五三《しめ》申也」と書き改められた。▲注連《しめ》（七五三）は通常は内と外を隔てる「結界《けつかい》」の機能を果たすが、「七五三の本戒」の注連は「法性真如《ほつしょうしんによ》の都」へ至る「道程」

『御神楽日記』 翻刻は「御神楽日記」（豊根村教育委員会編『神楽の伝承と記録』、豊根村、一九八五年）所収。

後世には…… 翻刻は『豊根村史』（豊根村、一九九一年）所収。

『紀伊続風土記』 紀州藩が幕府の命令で、藩士の儒学者、仁井田好古などに命じて編纂させた地誌。天保十年（一八三九）に三十三年の歳月をかけて完成。江戸時代後期の紀州の記録として質が高い。

応照上人の火定跡 『本朝法華験記』（長久四年・一〇四三頃に成立）巻上第九に事跡が描かれている。

図13　妙法山応照上人火定の跡。焼身による往生を遂げた。

補陀落浄土　南方海上の観音の浄土。補陀落渡海と称して、補陀落世界へ往生するために船で出帆した。捨身《しゃしん》行で水葬でもある。

を意味する。下品下生・中品中生・上品上生と階梯《かいてい》を経て到達する「九品の浄土の御身四目《おんみしめ》」では、「本宮神楽・新宮管弦・那智懺法」の道程を、九品の位階に位置づけ、最後に仏国土・浄土に至る。熊野三山の道程を九品の浄土になぞらえ、祭文の功力《くりき》と神楽の功徳《くどく》で願いを成就して、滅罪と浄化を果たす。「下品」「中品」「上品」を本宮―新宮―那智の巡拝行程に配し、最後は、法華経の功徳で罪障《ざいしょう》を消滅する。上品上生の場は本宮ではなく那智とあり、「浄土入り」に死者供養を重ね合わせた可能性がある。那智懺法による滅罪作法を結願《けちがん》に設定した理由は、死後の霊魂が赴くとされる「亡者の熊野参り」で名高い那智の妙法山（現在は阿弥陀寺がある）の存在が大きい。『紀伊続風土記』▲によれば、死霊は枕飯の炊ける間に妙法山に樒《しきみ》の小枝を手にとって参詣し一つ鐘をついて冥途《めいど》に旅立つとされ、無人なのに鳴り響くのは亡者が叩くからだとされ無間《むげん》の鐘というとある。ここは死霊の赴く山中他界であった。本宮への大雲取《おおくもとり》の道は死出の山路という。妙法山阿弥陀寺の境内には焼身往生《しょうしんおうじょう》を遂げたと伝える応照上人の火定《かじょう》跡▲が残る（図13）。那智参詣曼荼羅の構図は、山中他界（妙法山）と海上他界、極楽浄土と補陀落《ふだらく》浄土▲を結ぶ他界軸（左上―右下）と、大滝―中門―橋を結ぶ参詣道という現世軸（右上―左下）が交差し、左手上部の妙

構図は……　那智参詣曼荼羅の読み解きは、黒田日出男「那智参詣曼荼羅を読む」(『思想』七四〇号、岩波書店、一九八六年)。

各地に展開して……　大分県南海部郡の丸市尾《まるいちび》では湯立を共同体の再生として行うなど、地域が異なっても類似の現象がある。

法山に向かう白衣《びゃくえ》の二人連れは亡者を描いたと推定される。妙法山は大滝とは対極の場所を占める。生の世界に対する死の世界である。

修験や先達が伝えた熊野信仰は、奥三河で定着して土地の人々の願いに適用するかたちで新たな儀礼を創造した。花祭や大神楽で中心的な役割を演じる湯立も生と死の双方に関わり、湯は人々を再生させ浄化させるとともに、死者供養も意図した。現在でも、静岡県の水窪《みさくぼ》や草木《くさき》など天龍川の東方の山地に伝わる霜月神楽では、湯立は死者供養や死霊の鎮めを目的とする。そこには、仏法の力を身体に取り込んだ修験など仏教と民俗をつなぐ宗教的職能者が関与した。かくして、熊野の湯立や神楽は、奥三河において近世初頭に「大神楽」として独自の発展を遂げたが、時代を下るに従い飢饉や疫病など村々の危機に行われる「共同体の再生」の儀礼に読み替えられ、その後は各地に展開して花祭として存続した。

5　湯立から湯立神楽へ

湯立の歴史的展開

湯立から湯立神楽への動きは、平安時代から鎌倉時代にかけて起こったと推定される。古代では宮廷や大社で行われていた神楽が、中世以降は密教・陰陽道・

修験道の影響を受けて民間に伝播し、湯立の儀礼と結合して、民間の湯立神楽や霜月祭祀に展開し、更なる変貌を遂げた。平安時代以降、幾つかの史料が残り、主なものは以下のとおりである。▲

①『儀式』薗韓神祭《そのからかみまつり》儀の条（貞観年間・八五九～八七七）には、「御神子先ヅ庭火ヲ廻リ湯立ノ舞ヲ供ス。次ニ神部八人共ニ舞フ」とあり、「神子《みこ》」の湯立の舞が行われていた。

②『金槐和歌集』（建暦三年・一二一三）に載る源実朝の歌に「里みこが御湯たて笹のそよそよに　なひきあきふしよしや世の中」とあり、「里みこ」の湯立が行われていた。

③『山王多賀天王社流記』（文永八年・一二七一）には、新神殿への遷座の際に「御湯御神楽」が行われたとある。

各地の湯立と湯立神楽

各地の湯立神楽の記録は断片的だが、代表的なものは以下のとおりである。

①伊勢神楽▲　建久年間（一一九〇～九九）の記録がある。外宮の御師《おし》を中心に、山田の氏神社の神楽男が神宮臨時祭において楽舞を離宮院で奉納していたが、後に摂社・末社の社《やしろ》での「社神楽」に変化し、湯立の巫女舞が行われ

主なものは……　湯立神楽については、「湯立の神楽」（『本田安次著作集　第二巻　神楽』、錦正社、一九九三年）を参照されたい。

伊勢神楽　伊勢神楽に関しては、本田安次『神楽』（木耳社、一九六六年）を参照されたい。

ていた。年一度、霜月十三日に一口頭太夫《ひとくちかしらだゆう》の家に集まり「寄合《よりあい》神楽」を執行した。湯立神楽の担い手は巫覡《ふげき》▲で、巫女（神子）が主体であった。湯立神楽は伊勢が起源という説もあるが、熊野の影響も考えられ、三信遠《さんしんえん》▲の霜月神楽に影響を与えたと推定される。

②　鎌倉神楽▲　『吾妻鏡』治承二年（一一七八）、寿永三年（一一八四）の記録があり、職掌（神楽男）と巫女（八乙女）が担い手であった。建久二年（一一九一）に宮廷の御神楽《みかぐら》が移入された。鶴岡《つるがおか》八幡宮の祭祀であったが、現在は神道化されて鎌倉の御霊社《ごりょうしゃ》などで継続し、「湯花《ゆばな》神楽」ともいう（図14）。祭場を「山」と呼び、火剣《ひつるぎ》・釜入りなどの荒行があり、「加行《けぎょう》▲としての神楽」の様相をとどめる。「剣舞・毛止幾《もどき》」の演目で、天狗が中空に矛で「龍」の字と九字▲の最後の一字「前」を書き、最後に晴明判《せいめいはん》▲を描いて真中《まんなか》を突くなど陰陽道や両部神道の影響もある。八幡が荘園鎮守社として勧請された信州遠山郷（飯田市）での霜月神楽に伝播した可能性もある。

③　諏訪神楽▲　湯立の後に山立があり、子屋《こや》入りでの清め祓いの後、神母・神父の助けで神子が誕生

巫覡　男女の巫者のことで、巫は女性、覡は男性を表す。

三信遠　民俗学者の間で流通している地域名で、三河・信濃・遠江の略称である。

鎌倉神楽　白井永二『鎌倉神楽』（鎌倉市教育委員会、一九六二年）。

加行　広くは修行一般、狭くは事を成就するための準備的な修行をいう。

九字　護身法の呪法で、臨・兵・闘・者・皆・陣・烈・在・前の九字を唱え、四縦五横の直線を空中に描き災いを祓い魔物から防御する。

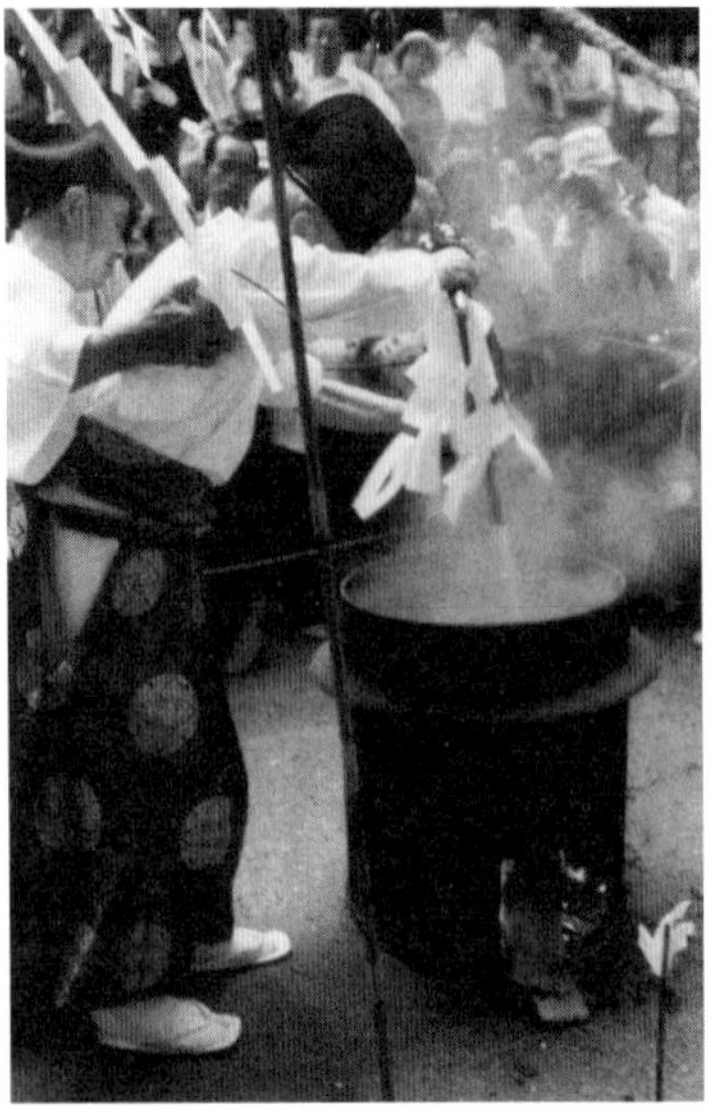

図14　鎌倉神楽（御霊社）舞処に接した湯釜での掻湯。古くは湯玉（湯花）で年占いを行った。

する。湯立祓の立願で「生まれ清まり」が行われ、湯立のお湯を飲む。天龍川沿いの地域に影響を与え、三信遠の霜月神楽の原型であった可能性もある。熊野との交流もあり、相互に影響を与えつつ神楽を展開したと推定される。花祭の原型と推定されている「大神楽」には、諏訪と熊野の信仰が合体した様相がある。中世後期が全盛で近世以降は衰退したと推定される。▲

④ 備前神楽▲ 備前一宮の吉備津彦《きびつひこ》宮の記録『一宮社法』(康永元年・一三四二奥書)には、「ミ子、法者湯立かままわりと申事ハ、旦那よりあつらゑ祈念次第ノ物也、社家衆かまいハなし」とあり、女性の神子と男性の法者《ほうじゃ》▲が組となる湯立の祈禱があった。現在の備中備後の神楽では湯立は冒頭のみであるが、その源流にあたると見られる。

⑤ 備後神楽▲ 慶長十三年(一六〇八)備後国恵蘇《えそ》郡の社家文書▲には「湯立」「荒神舞」とともに「浄土神楽」が行われていたと記載があるが、実態は他の文献から推測するしかない。広島県東城町戸宇《とう》(現・庄原市)の栃木家は伊勢からの移住者で、元は法者であり、寛文四年(一六六四)神楽能本《かぐらのうほん》によれば、法者が囃し、神子《みこ》が神がかり、死霊を呼び出して舞い鎮めたり悪霊を攘却《じょうきゃく》する神楽を行っていた。▲法者は守護霊と一体化する能力を持ち、神霊を操作し、神子の憑霊《ひょうれい》で神仏の託宣を引き出し悪霊を祭文や呪言で鎮めて追

晴明判 陰陽師の安倍晴明が五行の象徴としたとされる五芒星の星形の呪符。セーマンともいう。

諏訪神楽 「諏訪神楽次第」(嘉禎三年・一二三七)参照。諏訪教育会編『諏訪史料叢書』第二巻(諏訪教育会、一九二五年)所収。

中世後期が…… 武井正弘「花祭りの世界」『日本祭祀研究集成』第四巻(名著出版、一九七七年)。

備前神楽 「一宮社法」(『吉備津彦神社史料 文書篇』、吉備津彦神社社務所、一九三六年)。

法者 修験道や陰陽道の影響を受けた民間祈禱者で、法力の使い手とされ、神楽を主宰した。太夫ともいう。中国地方、九州北部、対馬などの中世から近世の文書に記されている。

備後神楽 岩田勝編『中国地方神楽祭文集』(三弥井書店、一九九〇年)。

備後国恵蘇郡の社家文書 「恵蘇郡社家衆掟之事」(『広島県史 古代中世資料編Ⅱ』、広島県、一九七七年)、九七九頁。

広島県東城町戸宇の……　岩田勝『神楽源流考』（名著出版、一九八三年）、鈴木正崇『神と仏の民俗』（吉川弘文館、二〇〇一年）を参照。

図15　保呂羽山霜月神楽。巫女による湯立の舞。

い祓う「司霊者《しれいしゃ》」で、女性は「憑坐《よりまし》」であった。男性と女性が組む修験の「憑祈《よりぎ》禱《とう》」の芸能化の様相がある。吉田神道の浸透、国学の思想による改変、明治の神仏分離で、死者供養は消滅して、生者の神楽となった。ただし、現在も暁時の「後夜《ごや》の遊び」の章句に熊野の祈願が入るなど、死霊を鎮めた名残は残る。

湯立神楽の意味と機能

湯立や湯立神楽には、伊勢・諏訪・鎌倉など多くの拠点がある。しかし、各地の湯立神楽には熊野との結びつきを説くものが多く、中世に勧進唱導を行った遊行宗教者の熊野修験や熊野比丘尼《びくに》、御師《おし》の影響が大きいと推定される。各地の担い手の巫覡・法者・太夫などには、修験の影響、特に法力への信頼が根底にあると見られる。熊野との関連を説く事例としては、東北の秋田県保呂羽山《ほろはさん》波宇志別《はうしわけ》神社（現・横手市大森町）の霜月神楽（図15）では吉野金峯山《きんぷせん》の蔵王権現を勧請し、神子《みこ》舞による「託宣」も行われ、保呂羽山、御嶽山《みたけさん》、高岳山《たかおさん》の「三山三神」を祀る。この地域ではかつては死霊供養の湯立が行われ、「御霊祭《みたままつり》」「後生《ごしょう》神楽」といい、仙北郡一帯では年忌に「菩提神楽」を行っていた。▲陸中沿岸の宮古市の神子舞と湯立託宣には熊野と深い関係を持つ黒森《くろもり》山(宮古市)の修験が関与した。信州遠山郷(飯田市)の霜月祭で上町の湯立神楽は熊野本宮の仙人が伝えたという伝承が残り、和田でも熊野の芸能者の来訪を伝え、神への奉納だけでなく仏の供養も行った。

湯立に関する教義や儀礼は伊勢で整えられたとしても、実践としては熊野修験や御師などを通じて各地に伝わり、死者供養や逆修《ぎゃくしゅう》にも展開した。奥三河の花太夫や遠山郷の禰宜《ねぎ》は「法の使い手」と観念され、修験や行者の系譜に連なる。彼らは仏教的な「法」概念を読み替えて、自らの行法で得た法力や験力によって、地元の人々のさまざまな願いに応えてきた。

6 湯立の起源伝承

「中世神話」の解釈

神楽の起源と湯立に関する「中世神話▲」とでも呼ぶべき解釈は伊勢で試みられた。『神道雑々集《しんとうぞうぞうしゅう》』(南北朝時代・天理吉田文庫蔵)の「八人ノ八人女《メ》五人神楽人《ヲ》ノ事」によれば、神楽八乙女《やおとめ》と神楽男《かぐらお》が伊弉諾尊《いざなぎのみこと》・伊弉冉尊《いざなみのみこと》を筆頭とする五人の男神と八人の女神(独自の神名も含む)を演じ、天祖が天岩戸に隠れて常闇《とこやみ》となったので庭火をたいて神楽を行い、五人の神々が五色の幣帛《へいはく》を五龍王(土公神《どくうじん》)に捧

この地域では……　本田安次「霜月神楽之研究」(『本田安次著作集』第六巻、錦正社、一九九五年/初版、明善堂、一九五四年)。

中世神話　中世では卜部氏、天台・真言僧、歌論を担う貴族などが、『日本書紀』のさまざまな注釈言説(中世日本紀)を書き、伊勢・比叡山・三輪の神官・僧侶の神道説(中世神学)も展開して神仏習合が深化した。こうした言説を総称して「中世神話」と呼び、古代の創成神話から中世の新たな起源神話に焦点を移行させて「神話」概念を拡大した。花祭やいざなぎ流の祭文もそのなかに含められた。本地垂迹に基づく神観念の類別、「権者《ごんじゃ》」「実者《じっしゃ》」のうち、本地を持たない「実者」が中世の神祇信仰の動態を担ったとする。山本ひろ子『中世神話』(岩波書店、一九九八年)、伊藤聡『神道とは何か』(中央公論新社、二〇一二年)、齋藤英喜『荒ぶるスサノヲ、七変化』(吉川弘文館、二〇一二年)参照。

げて土地を譲り受け、地を平らかにし釜を塗り給い、八神たる八乙女が湯を立て千早《ちはや》で大地を洗い清めた。以下が原文である（カッコ内は著者が付加）。

有云。天祖、索盞烏《スサノヲ》ノ尊ヲ悪《ニク》ミ天岩戸ニ閉籠給。此時国ノ中常暗《トコヤミ》ニシテ諸ノ談火弁ヲ以。諸ノ神之暗キ事ヲ悲ミ、索盞烏ノ尊ヲ出雲国へ損イ遣《ヤラ》リ奉テ、随テ思兼《オモイカネ》ノ命ノ謀《ハカリゴト》、庭火ヲ焚キ、伊弉諾尊《イザナギノミコト》・磐裂命《イワサクノミコト》・磐筒男命《イワツツオノミコト》・経津主《フツヌシノ》命《ミコト》・武甕槌《タケミカヅチ》ノ（命）己上《イジョウ》五人　此神達五色ノ幣帛ヲ捧ゲ、五龍王ニ奉（リ）、大地ヲ乞ウ（ニ）平（ケ）釜ヲ塗給歟《ヌリタマフカ》。伊弉冊尊《イザナミノミコト》・遊小日《アソビコビ》・活目命《イキメノミコト》・鬼姫命《オニヒメノミコト》・滝津《タキツ》姫命・市杵嶋姫命《イチキシマヒメノミコト》・磐筒女命《イハツトメノミコト》・建御雷姫《タケミカズチイノヒメ》・栲幡千姫命《タクハタチヒメノミコト》。巳上《イジョウ》八神　此神達御湯ヲ立テ、千草ヲ以テ大池ヲ洗ヒ清メ給《タマフ》（ハ）是縁也。

この伝承は、天照大神の本地を大日如来とし、胎蔵界大日を伊勢の内宮（陰）、金剛界大日を外宮（陽）に配する両部神道を基盤にしており、「八乙女」を内宮の胎蔵界曼荼羅・中台八葉院の八葉蓮華、「五人の神楽男」を金剛界の五智をかたどる外宮の五輪とする。『神道雑々集』には、「有云。外宮ハ金剛界ノ五智ヲ象ル、故ニ月輪モ五有。胎金両部ヲ以テ陰陽ヲ主《ツカサ》トル時、陰ハ女、陽ハ男ナル故ニ胎ハ八葉八人女ヲ象テ、八人有。金ハ五智、男ニ主トル。五人神楽人ト立ル此故

神楽八乙女と神楽男が……　神宮文庫蔵『神祇霊応記』「天磐戸事」では「五人の神楽男」を「五龍」とする。

五智　密教で説く仏が備える五種の智慧。五智如来は、金剛界五仏は大日、阿閦《あしゃく》、宝生《ほうしょう》、阿弥陀、不空成就《ふくうじょうじゅ》、胎蔵界五仏は、大日、宝幢《ほうどう》、開敷華《かいふけ》王《おう》、無量寿、天鼓雷音をいう。

『沙石集』　鎌倉時代の仏教説話集。臨済宗東福寺派の無住著。弘安六年（一二八三）成立。霊験談・高僧伝、文芸談・笑話を収録。仏教に帰依させる方便として説話を集めた。

『神道集』　南北朝時代の縁起・説話集。文和・延文年間（一三五二～六一）頃に、安居院の唱導関係者の伝承を集成。天台宗や伊勢神道にも関わり、神の本地や垂迹を述べる。熊野の本地も含む。室町物語や説経浄瑠璃などの本地物の先行形態。

真床覆衾　『日本書紀』巻二神代下では天孫降臨に際して瓊瓊《にに》杵尊《ぎのみこと》が真床覆衾にくるまって降りてきたとある。伊勢神楽は神話の再現とみられる。

図16　伊勢神楽の図「大々神楽錦絵」(江戸時代)。

也云云」と記され、「胎金一如」の思想がある。無住の『沙石集▲』や、安居院《あぐい》の『神道集▲』巻一「神道由来之事」、『八幡愚童訓』(続群書類従本・下・五「後世事」)も同様の記載である。『宮寺縁事抄』は石清水《いわしみず》八幡宮には八人の巫女と五人の神楽舎人《とねり》がいたと記し具体性を帯びる。

伊勢からの伝播

伊勢の「湯立神楽」の起源伝承は、記紀神話の再解釈による天降りや、天地の交流を説くだけでなく、神楽が密教や陰陽道と習合して民間神楽へ移行する様相を伝える。五行思想に基づいて五方位を結界し、天上の五神が五龍王(土公神)を鎮め祀って、土地を譲り受け、土塗りして釜を作るという土公神祭の様相を帯びる。大地を鎮め、八乙女と神楽男が胎金両部の曼荼羅世界を創成した後に、「清め」の湯立を行った。舞場の飾り物を「真床覆衾《まどこおふすま》▲」と呼ぶなど天孫降臨神話を意識しており、「天」から下ることに焦点が置かれた(図16)。暦応年間(一三三八〜四二)に遡る伊勢猿楽▲では、「方堅め」という結界作法を行い、五龍王の祭文を唱えるなど類似性があり、相互に影響を与えたかもしれない。

図17　花祭の榊鬼。各家を巡って祈禱する。

一方、奥三河の花祭や遠山郷の湯立神楽では、五方を結界するが、祭場を「山」と呼び、中央の釜を「土」塗りの竈として、「山立て」「山割り」の作法が行われるなど、天から地に重点が移る。花祭では、「山の神」の様相を帯びる榊鬼《さかきおに》（図17）が主役で、反閇《へんばい》を踏み、「盤《ばん》古《こ》・大王《だいおう》・堅牢《けんろう》・地神《じしん》・王」と唱えて、中央の土公神を鎮める地霊の祭祀を行い、湯立と舞によって悪霊を祓い、「土」「山」で象徴される大地の生命力で在地の神霊を蘇らせる。

盤古大王は東西南北中央の各所に祀られた五人の王子の父親で宇宙の創造神であり、堅牢地神▲は密教で供養される大地の神で、功徳は『金光明経▲』に説かれている。伊勢における「天」の強調は奥三河では「地」へと焦点が移る。

三信遠の湯立神楽には、伊勢の両部神道の影響もあるが、地域への定着に際しての実践では熊野の影響が大きい。天龍川中流域に大規模な湯立神楽が集中する理由は、熊野・伊勢・諏訪を結ぶ修行者と商人の道による交流が挙げられる。行者道は本宮山、春埜《はるの》山、秋葉山、龍頭山、常光寺山の山住《やまずみ》神社へと続いていた。熊野や伊勢と三信遠とのつながりは、足助《あすけ》八幡宮の縁起に熊野本宮から飛来した

伊勢猿楽では……　「方堅め」は四方と中央の方位を祭り鎮める技法で、猿楽と仏教法会のつながりを示唆する。天野文雄『翁猿楽研究』（和泉書院、一九九五年）参照。

堅牢地神　『金光明最勝王経』「堅牢地神品」に「大地神女、名曰く堅牢」とある。密教は天部の地神として祀り地天供を行う。

善証鬼を祀ったと伝承され、天龍村坂部《さかんべ》（長野県下伊那郡）には両部神道の伊勢浪人の定着が伝えられ（『熊谷家伝記』二の巻、永享四年・一四三二）、奥三河の新城市には湯谷《ゆや》温泉という熊野修験に関わる霊地があるなど、間接的な伝承が残る。熊野と諏訪を往来する修験者が神楽をもたらし、在地の信仰と融合して共同体祭祀として定着したと推定される。

7　熊野信仰の多様な展開

湯立の目的と担い手

三信遠の湯立の目的を広く見渡すと、①神々への献湯、②神霊との交流による神がかり託宣、③死霊の鎮めと悪霊祓い、④人々の清まりと禊《みそぎ》・祓い、⑤浄土への結縁（大神楽・花育て）、⑥湯を浴びて神子《かご》となって願を果たす、⑦湯の父、湯の母、湯男《ゆおとこ》など湯を人格化しての神聖視、⑧長寿の祈願（遠山郷和田の切飾りの湯男は寿命百十四歳）などがあり、きわめて多様である。▲湯立を清めとする単純な解釈は成り立たない。また、基本的に湯立は火と水の信仰を根底に持つ。豊根村の花祭の最後に登場する火の王と水の王による「しずめ」、遠山霜月祭での火の王と水の王という面形《おもがた》の舞による「湯切り」「火起こし」などで火と水を同時に

『金光明経』　仏教経典。北涼の曇無《どんむ》讖《せん》訳『金光明経』、唐の義浄の『金光明最勝王経』などがある。鎮護国家の経典として重んじられ、国分寺や四天王寺に影響を与えた。『最勝王経』ともいい、最勝会はこの経典による法会。

三信遠の湯立の目的を……　詳細に関しては『遠山霜月祭の世界――神・人・ムラのよみがえり』（飯田市美術博物館、二〇〇六年）を参照されたい。各地区のDVDの記録も飯田市美術博物館から出版されている。

統御する特別の力を誇示する。湯立に関わる儀礼や舞では、呪法が展開し、花太夫、鍵取《かぎとり》（禰宜《ねぎ》）・幣取《へいとり》（祝《はふり》）などの行法と思想を伝える男性巫者が担い手で、多くは世襲で、出自を修験にたどれる家もあり、行者の意識もある。熊野修験とは特定できないが、呪文や手印、九字護身法、反閇などを駆使し、結界を作ってさまざまな神霊を操作し、最後には「鎮め」で悪霊を踏み鎮め、打って祓い、元の場所に返す。いわば、神霊との対応では精霊統御者 spirit master の類型を示し、修験の伝統と根底でつながっている。

湯立神楽と熊野

花祭の最高神は、「切目《きるめ》王子」と「見目《みるめ》王子」で、修験者の霊ともいう。熊野の王子信仰を読み替えて守護霊に転化したもので、悪霊を「切る」、不可視のものを「見る」能力を持つ神霊である。これらを守護霊に背負うことで、悪霊に打ち勝ち、霊界・他界を見通す「目」を養う能力を駆使する力を持つと信じられた。修験の霊能を凝縮したような神霊である。花祭の太夫や禰宜は守護霊を持つことで、神仏だけでなく、伽藍様《がらんさま》、天狗、天白《てんぱく》、土公神《どくうしん》という在地の神霊や山の神の信仰を司り、天井裏の「天《あま》の祭り」では七十五膳を捧げて、山中の死霊や悪霊などの荒ぶる霊を統御した。七十五の霊は魑魅《ちみ》魍魎《もうりょう》の総体である。

旧富山村大谷の……　大谷の御神楽に関しては、山崎一司『隠れ里の祭り』（富山村教育委員会、一九八七年）を参照されたい。

熊野信仰と湯立神楽の結合は、旧富山村（現・豊根村）大谷の熊野神社での正月三日・四日の御《み》神楽《かぐら》▲で独自の様相をみせる。子供の頃大病となり、熊野神社に願をかけて丈夫に育って十三歳になった場合には成人とみなして、湯立の舞を奉納し神子《かみこ》として奉仕する誓いをする。立願者は扇を持って舞う「てんでの舞」で、五方礼拝し罪穢れを祓って神子となる喜びを表す。これを「産衣《うぶぎ》引《ひ》き」「産衣果たし」「生まれ清まり」ともいう。「千早振る神の世継ぎに生まれ来て姿を変えて神を講（請）ずる　人の子は生むも育つも知らねども今こそなるよ神の世継ぎに」と繰り返し唱え、扇・鈴・葉束で舞う。祭事始めの「しめのはやし」の次が清めの湯で、熊野と伊勢に湯を献上する。旧富山村市原の開発先祖の田辺《たなべ》国量《くにかず》が紀州の田辺から熊野権現を勧請したとの記録があり、熊野との関係は深い。

神子の願と湯立との結びつきは、遠山霜月祭の上町《かみまち》の「神子上げ」、天龍村の向方《むかがた》・大河内の「生まれっ子」、豊根村古真立《こまだて》の熊野神社花祭の「みかぐら」の「願主の舞」では十三歳の少年少女が白の「ゆはぎ」を着て介添え役の手で舞わせてもらう。東栄町月《つき》や津具《つぐ》村（現・設楽村）下津具の花祭でも行われた。立願を熊野の神に取り次ぐのは村々の熊野先達で、熊野を勧請して立願し、「願ほどき」を熊野権現への御神楽奉納で行うとされていた。

遠山霜月祭と熊野

長野県の遠山郷（現・飯田市）の霜月祭では、上町《かみまち》では起源伝承として、都に上った時に熊野仙人に出会って湯立を習得したと伝え、神面の舞の最初に出てくる神太夫は熊野仙人を表すという。「しめひき」の演目の「七種の御神楽」では、「熊野山きりべの王子梛《なぎ》の葉をかた背にかけて御座《ざ》れ請《しょう》ずる　伊勢の国ようだの森はむ鹿は角を並べて御座れ請ずる」と、熊野の切目の王子と伊勢の宇治《うじ》山田《ようだ》社《しゃ》▲を歌いこむ。熊野の直接の影響とは言えないが、火伏せや湯伏せでは禰宜の法力が信頼されている。湯立を行う竈は、「竈塗《かまぬ》り」といって、上町では祭りごとに新しく作り直す。新たに取ってきた松の竈柱を打ち込み、「明きの方」（恵方《えほう》）の土をとって練り一年の日数分の土玉を作り、二基の釜を築く。土と火を重視し、土公神を祀り、中央には「五郎姫宮」▲として大地の女神を祀る。祭場は「山」とされ、遠山郷の生活の場と重ね合わされる。竈を護摩壇に見立てて行うという伝承もあり、修験道の影響▲が色濃い。

湯立は神霊の勧請ごとに繰り返し行う。願果たしでは、「舞」（一力花《いちりきばな》）を奉納する花祭とは異なり、「湯立」（願ばたきの湯）を奉納する。前段で多くの湯立と素面の舞があり、後段で面形の舞をまとめて演ずる。後半の湯立は、死霊を呼び出し、清め舞い遊ばせて浄化する「湯の供養」の色彩が強い。最後の湯立の「鎮

宇治山田社　伊勢の内宮摂社で、興《おき》玉《たま》の森という小高い丘の上に鎮座する。山田は陽田とも書く。

五郎の姫宮　土公祭文は、盤古大王が太郎、二郎、三郎、四郎に東西南北、春夏秋冬を所務として与えて昇天し、大王の死後に生まれた五郎は兄弟と争うが、門尋博士の調停で四季の土用十八日を所務に貰って中央に土公神として祀られたと説く。土公神は中国地方の神楽では男神の五郎の王子、奥三河の花祭や岩手の大乗神楽では女神の五郎の姫宮となる。祭文は安倍晴明撰『簠簋《はき》内伝《ないでん》』に遡る。修験や陰陽師や盲僧が伝え、土公は竈神や荒神と習合した。

修験道の影響　遠山霜月祭は湯釜を護摩壇に見立てたり、数珠や印の作法を使うなど神仏混淆である。修験道の関わりに関しては、鈴木正崇「湯立神楽の意味と機能——遠山霜月祭の考察」（『国立歴史民俗博物館研究報告』七四集、国立歴史民俗博物館、二〇一二年）を参照されたい。

めの湯」は、丑の刻過ぎ（午前二時頃）に行われ、禰宜が湯木を釜の上にかざし数珠《じゆず》を繰《く》り神と仏の名を呼び、動植物・鉱物・父方母方先祖、その他の森羅万象を鎮魂慰霊する。引き続く面の舞に登場する八社《はつしゃ》の神は、滅亡した遠山氏一門の霊で、死霊の鎮魂に御霊《ごりょう》信仰▲が重なる。祭りの形式は「湯立による舞」で、神霊の一つ一つに対応して湯を献じるのであり、湯立が主体であった▲（図18）。

図18　遠山霜月祭。上町の「鎮めの湯」。

一方、花祭は遠山祭とは対照的に、一回だけの湯立が基本で、花太夫の釜前《かまのまえ》の祈禱があり、舞に移ると次第に子供から青少年へと移行して形式が複雑化する。その間に、鬼による宝渡し、巫女・禰宜・翁などの祝福があり、最後に湯囃子《ゆばやし》による劇的な「舞による湯立」を行って、湯を祭場にふりまき、村を越え世界秩序を更新する大きな清めと再生に展開する。まさしく生者のための独自の実践に変貌したのであり、花祭は遠山祭の対極にあるといえる。湯の信仰は生と死の双方に関わるが、地域によって多様に展開したのである。

御霊信仰　怨みをもって死んだり非業の死を遂げた人間が死後も怨霊《おんりょう》となって天災や疫病をもたらすと信じられ、祀り和めて人々の安泰を願った。菅原道真の天神信仰など政治に関わる闘争に敗れた者が多く祀られた。遠山家の人々も非業の最後を遂げたので鎮められる。

8　熊野信仰の伝播と神楽

熊野信仰は、熊野への参詣によって後世安楽・浄土往生を確証して「臨終正念」を得ることを目的としただけでなく、さまざまな願かけをして、うまく叶えば願果たしや願ほどきをする現世利益の願いも籠められた。熊野では参籠して夢告や託宣を得て神の意志や啓示を聞くことが重視された。熊野では神楽や湯立で神聖な雰囲気に感動する一方、湯につかることで病気平癒や健康維持なども期待された。神仏混淆の時代にあって、仏教の教えは教義としてよりも、儀礼や芸能を通じて独特の力を発揮して民衆の間に浸透した。その橋渡しをしたのは、半僧半俗、非僧非俗という媒介機能を持つ修験者や行者であり、教義や知識を行法という体験知を通して読み替えて日々の暮らしのなかに定着していったのである。

熊野で醸成された複合的な思想や実践は、日本各地に広がり各地域に応じて変容して受容された。伝播の過程で生み出された湯立や湯立神楽という独自の儀礼形態は、民衆にとっては祈禱や願掛けの場として多彩な発展を遂げ、修験にとっては法力や験力を誇示する場としてきわめて有効に活用されたのであろう。熊野信仰の中核にある浄土思想、現世利益、託宣、立願、湯立、神楽などの諸要素は地方に伝播して、各地で独自の再解釈が施されてきた。民衆にとっても、生と死の双方の願いを湯に託す思想と実践は、自然や神霊との交流を図る演劇的な体験として魅惑に満ちていたのではないだろうか。

湯立が……　『遠山霜月祭の世界――神・人・ムラのよみがえり』（飯田市美術博物館、二〇〇六年）。

臨終正念　藤原定家『後鳥羽院御幸記』（熊野《くまの》道之間愚記《みちのあいだぐき》）に「所祈者、只出離生死臨終正念也」とある。

現世利益の願いも……　『玉葉集』に「熊野へまいらすべきよしよし願書をかきておきながら、おこたりけるを、年月へて七歳にて又おもくわずらひける時、託宣ありけるとなん」とある。

夢告や託宣　『玉葉集』に、武蔵国からの参詣者の歌の詞書「熊野にまうでて、証誠殿の御前に通夜して、後の世のことといのり申し侍りけるに、夢のうちにしまし給ひけるとなん」とある。

彦山　彦山の名称は、享保十四年（一七二九）に霊元法皇の天下に抜きんでた霊山という院宣で英彦山に改められた。

『熊野権現御垂迹縁起』『長寛勘文』所収で、熊野本宮の荘園を巡る争いに関わる証文（勘文）として藤原永範が熊野権現の由来を記した。久安年間、甲斐守・藤原顕時は熊野権現の霊験を授かったとして、朝廷の許可を得て熊野本宮に八代荘《やつしろのしょう》を寄進し、熊野別当湛快《たんかい》は、八代荘が熊野本宮の荘園であることを示す牓示《ぼうじ》を立てた。しかし、応保二年（一一六二）に甲斐守国司になった藤原忠重は、目代の中原清弘を現地に派遣し牓示を撤去し、荘園の人々や神人への暴行を重ねた。本宮側は朝廷に訴え出て裁定のために著された勘文を集成した（一一六三年）。これが「長寛勘文」で、伊勢と熊野の同体説を支持する識者の意見が引かれている。明法博士《みようぼうはかせ》の中原業倫《なりとも》は、伊勢と同体である熊野権現の侵犯は有罪で絞刑にするよう勘申（報告）し、藤原忠重は伊予に配流、中原清弘は投獄された。伊勢・熊野同体論はその後も論議を巻き起こした。

二▶縁起から神楽へ

熊野と吉野を結ぶ大峯山《おおみねさん》は、山岳信仰を基盤に独自の修行体系を構築した修験道の揺籃の地である。修験道は鎌倉時代中後期以降に本格的展開を遂げ、熊野信仰も変容して各地に定着した。中世の熊野の縁起を考察し、九州の彦山▲の縁起と比較して、熊野信仰の地域的展開を検討し、その後の変遷過程で縁起から神楽へという変貌を遂げた様相を探る。

熊野権現の由来は『熊野権現御垂迹縁起』▲（長寛元年・一一六三）が最古の史料である。熊野三所権現のうち本宮に関する縁起で、新宮や那智の起源伝承とは異なる。本縁起について以下の三点を検討する。①熊野と彦山の縁起を比較して山岳信仰の起源の語り方を考察する、②縁起の根源にある神観念、特に在地の地主神、山神や荒神などを検討し熊野の自然の形象化を検討する、③紀州と修験に関わる要素として、熊野九十九王子のひとつの切目王子、護符としての牛玉宝印《ごおうほういん》を検討し、神楽のなかの切目王子や湯立との連関、修験の関与を論じて、権現から王子へ、縁起から神楽への動きを明らかにする。

1　熊野の祭神と縁起

熊野の祭神

『熊野権現御垂迹縁起』（一一六三年）の考察に先立って、熊野の祭神の推移を述べておくことにする。祭神名の文献上の初見は『新抄格勅符抄《しんしょうかくちょくふしょう》』（大同元年・八〇六）に遡り、天平神護二年（七六六）に「熊野牟須美《むすび》神」「速玉神」の二座▲の記載があり、「牟須美」は本宮に相当する。平安時代の『延喜式』▲神名帳では、紀伊国牟婁《むろ》郡の名神大社として、新宮が「熊野早玉」、本宮は「熊野坐《くまのにいます》」とあり、本宮は土地神とされていた。神々の位階では新宮が優位で『三代実録』正月二十七日条（貞観元年・八五九）では両神ともに従五位から従二位に上がり、貞観五年（八六三）には早玉神のみが正二位、延喜七年（九〇七）に従一位であるが、熊野坐神は正二位であった。ただし、天慶三年（九四〇）には同時に正一位となり、本宮の優位が次第に進行した。那智の史料上の初見▲は本宮・新宮よりも遅れる。『三宝絵詞』▲では「紀伊国牟婁郡に神居ます。熊野両所《りょうしょ》、証誠《しょうせい》一所。両所は母と娘となり。結早玉《むすびはやたま》と申す。一所は添える社なり、この山の本神と申す」とあり、「両所」（結早玉）は新宮と那智で、▲本宮の「山の本神」の証誠（権現）とは別の

「熊野牟須美神」「速玉神」の二座　本宮の祭神と推定される牟須美《むすび》は「産霊《むすび》」で、ものを生み出す生産を司り、速玉は水の流れの形容で川の神であろう。本宮と新宮は川の神としての共通性がある。本宮の祭神はその後、家津美御子《けつみみこ》として記され、那智は夫須美《ふすみ》となる。

『延喜式』　平安時代の法令集で、延長五年（九二七）完成。巻九、十の神名式は『延喜神名帳』といわれ、国郡ごとに祭神三千百三十二座、神社二千八百六十一社が記され祭祀の実態がわかる。後世「式内社」と呼ばれ権威づけに用いられた。

那智の史料上の初見　那智の初見は、『扶桑略記』永保二年（一〇八二）十月十七日条の熊野大衆《だいしゅ》神輿上洛の記事の「新宮・那智」である。

『三宝絵詞』　平安時代中期の仏教説話集。源為憲著。永観二年（九八四）成立。冷泉天皇の皇女尊子内親王の仏道修行のために仏法僧の三宝

社となる。この記事が事実上の熊野三山の成立とされる。他方、「三所」の表記の史料上の初見は、『大御記《だいぎょき》』▲永保元年（一〇八一）十月五日条の藤原為房が「三所の御殿」に幡《はた》・花鬘《けまん》を供奉したという記事である。▲『梁塵秘抄《りょうじんひしょう》』▲には、聖《ひじり》の住所として「南は熊野の那智とかや」「南は熊野の那智新宮」という歌も載り、熊野、特に那智は修行場で名高かったことがわかる。

『熊野権現御垂迹縁起』

『熊野権現御垂迹縁起』（図19）の冒頭は以下のとおりである。

> 甲寅《きのえとら》歳、熊野権現は、唐の天台山の王子信の旧蹟から飛来し、日子山《ひこさん》峰（彦山）に天降《あまお》る。八角形の水晶の石であった。五年を経て戊午《つちのえうま》歳に石鎚《いしづち》峯▲（伊予）に移る。六年を経て甲子《きのえね》歳に遊鶴羽《ゆづるは》峯▲（淡路）に移る。六年を経て庚午《かのえうま》歳に切部山《きりべやま》▲に移る。五十七年を経て庚午歳に「熊野新宮の南の神蔵《かみくら》峯」▲に移る。六十一年を経て庚午歳に、「新宮の東の阿須加《あすか》の社の北、石淵《いわぶち》の谷」▲に移る。ここで「始めて結玉《むすびたま》、家津美御子《けつみみこ》と申す。二宇の社なり」とある。十三年を経て壬午《みづのえうま》歳に、「本宮大湯原《おおゆのはら》の三本の一位《いちい》の木三本の末三枚、月形にて天降り給ふ」とあり、木の梢に三つの月の姿で天降った。八年

の功徳利益を述べた。絵は現存しない。三宝絵ともいう。

「両所」（結早玉）は…… 両所＝女性（母と娘）、本宮＝男性は新しい解釈であるが、新宮に祀られている平安時代の速玉大神は男神、夫須美大神は女神で、両所は母と娘ではない。男と女の組とみるべきであろう。

『大御記』 『為房卿記《ためふさきょうき》』ともいう。後三条・白河・堀河・鳥羽天皇に蔵人・蔵人頭として仕えた藤原為房の日記で、永保元年（一〇八一）の熊野詣の記録は熊野御幸が盛んになる以前の様子を伝える。

「三所」の表記の…… 『大御記』の永保三年（一〇八三）「熊野本宮別当三綱大衆解《さんごうだいしゅうげ》」には「三所権現・本宮」とある。

『梁塵秘抄』 平安時代後期の歌謡集。後白河法皇撰。治承三年（一一七九）までに成立かとされる。今様の歌詞と周辺歌謡の集成で、当時の風俗や社会情勢を伝える。

石鎚峯　西日本の代表的な霊山で、『日本霊異記』下巻第三十九には「石鎚山」と見え。寂仙による天平宝字二年（七五八）の開山とされる。神仏分離以前は石鉄《いしづち》蔵王権現として崇拝されてきた。

遊鶴羽峯　淡路島の最高峰で現在は諭鶴羽神社が祀られている。神仏分離以前は諭鶴羽大権現といい、紀州の熊野権現と同体とされてきた。修験道の修行場として栄えたところである。

切部山　現在の切目王子社。九十九王子の一つで、そのうちでも重要な五体王子の一つとされた。

熊野新宮の南の神蔵の峯　新宮の千穂ヶ峯を主峰とする権現山の東南にある神倉山で、ゴトビキ岩と呼ばれる磐座《いわくら》があり、古代から信仰を集めてきた。新宮はここから遷座したので新宮と名づけたという伝承もある。ゴトビキは蛙の意味である。毎年二月六日に行われる御《お》燈祭《とうまつり》で名高い。白装束に荒縄を締めた上り子が御神火を移した松明を持って五百三十八段の石段を駆け下る。

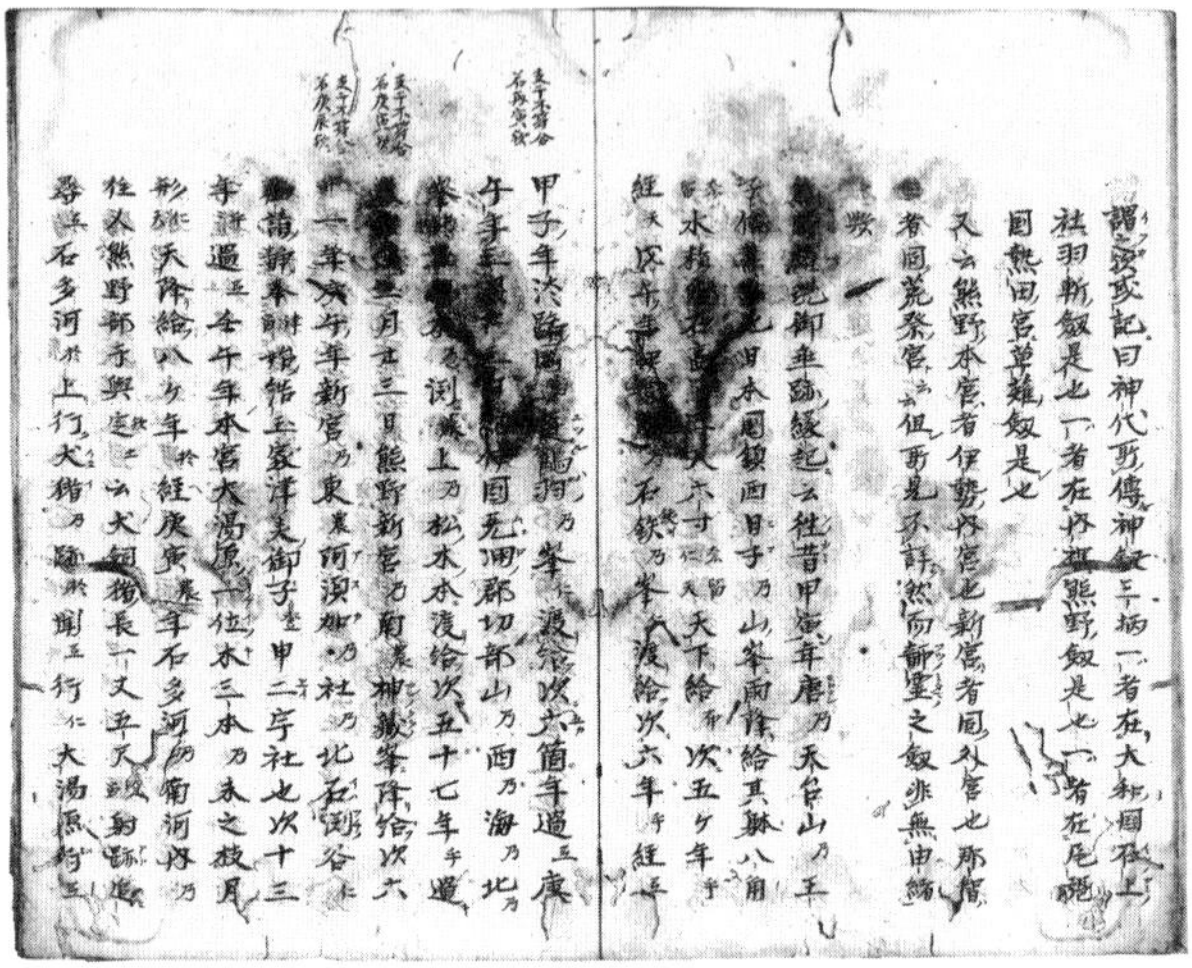

図19　熊野権現御垂迹縁起（『長寛勘文』所収）。静岡県立中央図書館葵文庫本。

を経て庚寅歳に石多河《いわた》の南河内の熊野《くまの》部千《べのち》与《よ》定《さだ》▲という犬飼《いぬかい》（猟師）が一丈五尺の大猪《おおいのしし》を追って石多河を遡り、大湯原にたどり着く。犬飼はイチイの木の下で死んでいた猪を食べ、木の下で一夜を過ごした。木の梢に月がかかっていたので、「なぜ月が空から離れて木の梢にいるのか」と猟師は問うた。月は答えて「我をば熊野三所権現と申す。一社を証誠《しょうせい》大菩薩と申す。今二枚月をば両所《りょうしょ》権現となむ申し仰せ給ふ」と答えた。

祭神の「結玉」の「結」は夫須美《ふすみ》神（那智）、「玉」は速玉神（新宮）で、この両所権現二座を相殿とし、家津美御子《けつみみこ》（本宮）を別に一宇にして「熊野三所権現」と呼ぶ。

熊野詣

『熊野権現御垂迹縁起』は、三山の構成が固まって本宮中心の体制が整ってから書かれた縁起である。浄土思想・末法思想の普及で、現当二世（現世と来世）の願いを籠めた上皇や貴族の熊野詣が盛んになり、本宮への参詣が隆盛を極めた頃である。本宮は三山の最上位となり、極楽往生の証明を受けられる場所として証誠殿と呼ばれ、祭神は証誠大菩薩とも称された。本地垂迹《ほんじすいじゃく》▲の思想が定着して、熊野の祭神の各々の本地は阿弥陀、薬師、千手観音となり、垂迹は熊野三所権現として神仏が一体化した。上皇や法皇による熊野詣の御幸《ごこう》の始まりは延喜七年（九〇七）の宇多法皇である（『扶桑略記』）。本格化したのは白河上皇▲の寛治四年（一〇九〇）の御幸以降で、この時に園城寺《おんじょうじ》の増誉《ぞうよ》▲が先達を務め、熊野三山検校《けんぎょう》に

石淵の谷　石淵谷の拝所は現在の幾《き》禰《ね》ケ《が》谷社《たにしゃ》とされる。現在では鵜殿《うどの》と成川の中間にあり、速玉神社で十月十五日・十六日に行われる御船祭りでは御神饌として黒米の飯を奉ることになっていた。古記に「新宮の社は此所より移す」とある。

大湯原　熊野本宮の旧社地で明治二十二年（一八八九）の大洪水まではここに本宮が祀られていた。

本地垂迹　神仏習合が展開し、インド起源の仏菩薩が仮に姿を現して日本に神として現出し民衆を救済するという思想。本地の仏菩薩が「権《かり》に現れて」垂迹したのが日本の神とされて「権現」と呼ばれた。平安時代中期以降に広まった。

白河上皇　一〇五三～一一二九年。第七十二代天皇で在位は一〇七三～八七年。応徳三年（一〇八六）以後に上皇となって「院政」を開始し、大治四年（一一二九）まで四十三年間続いた。永長元年（一〇九六）に出家し、以後を法皇という。

任じられ、聖体護持の任を果たすようにと京都に聖護院《しょうごいん》を与えられ、後に天台系の本山派修験の拠点になった。その後、後白河法皇は聖護院の守護神として東山に熊野権現を勧請し、新《いま》熊野社と称した。上皇法皇の熊野御幸は白河上皇九度、鳥羽上皇二十一度、崇徳上皇一度、後白河上皇三十四度、後鳥羽上皇二十八度など、延べ九十三回に及び、「蟻の熊野詣」と言われ、熊野権現は「日本第一の霊験所」（『平家物語』）と称された。都から熊野への途中の九十九王子の拝所では御禊（祓）、奉幣、御燈明供養、御経供養、重要な五体王子では神楽と馴子《なれこ》舞《まい》が奉納された。しかし、熊野詣は承久の乱（一二二一）以後は衰退し、弘安四年（一二八一）三月の亀山上皇の御幸で終結した。『熊野権現御垂迹縁起』は熊野詣の隆盛期に書かれたのである。

2　熊野と彦山の縁起の比較

彦山と熊野

『熊野権現御垂迹縁起』（一一六三年）と対比される縁起としては西日本の彦山の縁起『彦山流記』▲（建保《けんぽう》元年・一二一三奥書）がある。彦山の文献上の初見は、南都北嶺の僧兵が権勢を振るっていた頃、『中右記』寛治八年（一〇九四）六月五

増誉　一〇三二～一一一六年。天台宗の僧侶。白河・堀河天皇の護持僧。白河上皇の熊野詣の先達を務めた。聖護院の開山となる。

『彦山流記』　五来重編『修験道史料集Ⅱ西日本編』（名著出版、一九八四年）所収。奥書に建保元年七月八日とあるが、改元は十二月六日で時代は下る。嘉禎三年（一二三七）造立の銘と梵字がある今熊野窟勧請以後の成立とみられる。

安楽寺……　『本朝世紀』康和元年（一〇九九）九月九日条では、嘉保元年（一〇九四）に彦山衆徒が太宰府に強訴し、大弐藤原長房は逐電して上洛したとある。

当時の彦山は……　『諸山縁起』には役行者から五代目の寿元が大峯山を九度修行して彦山に移ったと記されて、相互の関係は密接であった。

摩訶陀国　古代インドのマガダ国。ビハール州南部に前六世紀に勃興し、前三世紀のアショーカ王の時代に最盛期を迎えた。摩掲提国、摩訶提国とも記す。

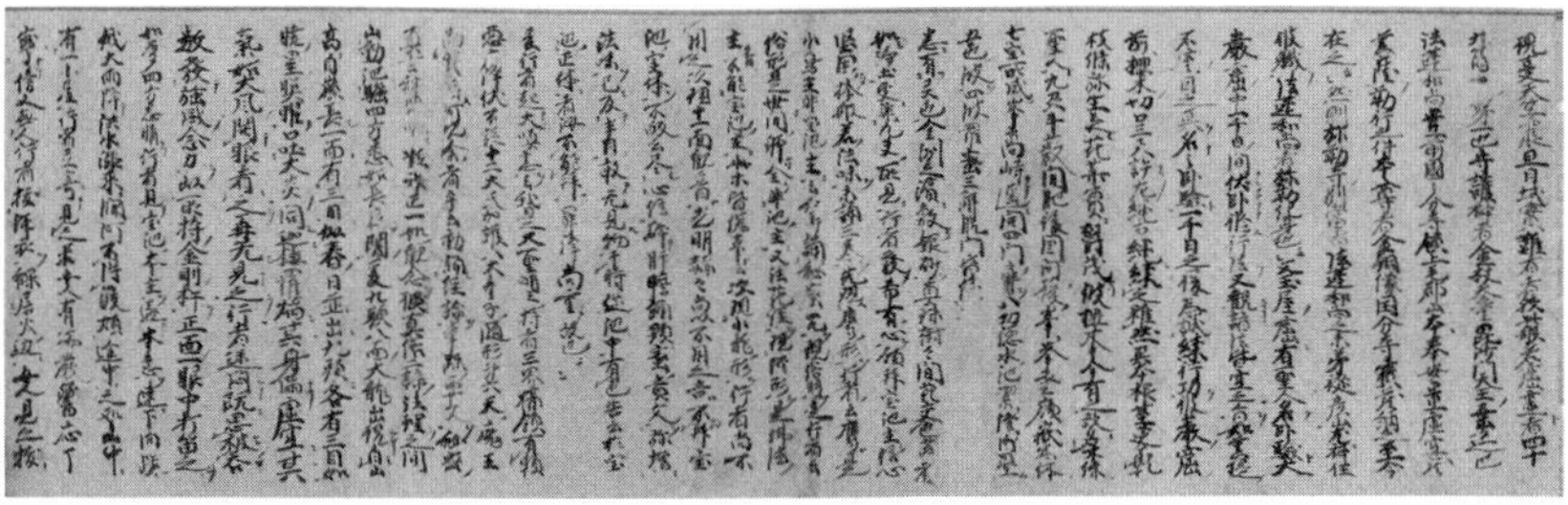

図20　『彦山流記』（添田町蔵）巻頭。

日条、大弐藤原長房が上洛の間に安楽寺（太宰府）、弥勒寺（宇佐）、彦山で争乱が起こったとある記事である。▲『梁塵秘抄』にも「彦の山」と歌われ、中央に名前が知られていた。養和元年（一一八一）には後白河法皇が勧請した新熊野社の維持費と推定される燈油料として課役・国役を永代免除された不輸権を持つ二十八ヶ所の荘園が寄進され、「豊前国彦山」の名称がその中に見られる。二十八ヶ所のうち山に関わるのは立山と彦山で当時の中央に霊山として知られていた。彦山には、吉野の金峯山や熊野の那智と同様に末法思想による経典護持のための経筒埋納が行われ、永久元年（一一一三）銘の青銅製経筒が出土している。久安元年（一一四五）に彦山の住僧が執筆した銅板法華経が彦山上宮宝殿に納められたと『彦山流記』は記す。当時の彦山は、熊野三山、園城寺、聖護院、新熊野などと密接な関係を持っていたのである。▲

『彦山流記』

『彦山流記』の冒頭は以下のとおりである（図20）。

抛月氏《ほうげつし》の中国《なかつくに》から東土利生を志す。天竺の摩訶陀国《まかだこく》▲から五つの剣を投げる。甲寅歳、天台山の王子晋の旧蹟から渡海する。豊前国田河郡大津邑に御舟で

図21　津野から見た英彦山（彦山）。

着く。香春《かわら》明神に宿借《やどか》りを頼むが拒絶され、壱万十万金剛童子に香春岳の樹木を曳き取らし磐石露形する。彦山に登攀《とうはん》すると、地主神の北山三の御前は住所《すまい》を権現に譲渡して中層に止《とど》まった。後に許斐《このみ》山《やま》へ移る。彦山権現は金光七年▲（五七六）丙申歳、八角水精石躰となって般若窟に至り第一の剣を発見する。八十二年を経て戊午歳に伊予国石鎚嶺に至り第二の剣を発見した。六年を経て甲子歳に淡路国楡鶴羽峯《ゆずるはのみね》に至り第三の剣を発見した。六年を経て庚午歳に紀伊国牟漏郡切部山に至り第四の剣を発見した。六十一年を経て庚午歳に神蔵峯《かみくらのみね》に至り第五の剣を発見した。六十一年を経て庚午歳、石淵谷に至る。二千年を経て甲午歳の甲午日に彦峯に帰る。

彦山（福岡県田川郡添田町）（図21）は北岳・中岳・南岳の三峰からなり、三峰に三神が祀られ、「彦山三所権現」と呼ばれる。熊野にならって生成されたと推定される。神宮寺は霊仙寺《りょうぜんじ》、祭神は北岳に天忍穂耳尊《あめのおしほみみのみこと》（忍骨命《おしほねのみこと》）、中岳に伊弉冉尊《いざなみのみこと》、南岳に伊弉諾尊《いざなぎのみこと》を祀り、主神は天忍穂耳尊であった▲。各々の本地は阿弥陀如来、千手観音、釈迦如来、三山は法躰岳《ほったいだけ》、女躰岳《にょたいだけ》、俗躰岳《ぞくたいだけ》とされていた。もともとの山名は「日子山」で天照大神の御子（日の御子）が天降《お》りした

金光七年　金光元年は庚寅で西暦は五七〇年とされる。九州年号で『二中歴』（鎌倉期初頭）に基づく。『彦山流記』は「金光七年丙申歳敏達天皇御宇也」と記す。『平家物語』覚一本「善光寺炎上」に、百済の斎明

ことに由来するとされ、後に彦山に変わったと伝える。『彦山流記』の次に書かれた縁起は、室町時代の『鎮西彦山縁起』▲（元亀三年・一五七二）で、移動伝承の内容はほぼ同じである。ただし、『宇佐八幡宮託宣集』▲の影響を受け、仏教伝来以前の神祇信仰の諸相を強調して、仏教言説を神道化した彦山信仰を描いており、大きな変化がみられる。

熊野と彦山の縁起の類似

熊野と彦山の縁起は字句・表現の一致が多く相互参照の可能性が大きい。内容の相互の類似点は以下のようであり、山岳信仰を根底に置いた、神々の起源や信仰の特色が浮かび上がる。

① 原点からの東遷

中国やインドから日本、九州、紀伊へと「東遷」する。仏教の「三国伝来」の道筋をふまえ外来の神が日本に土着化する。原点は西の天竺で、外来の地に原点がある。

② 洞窟と岩

山岳信仰の原点は「洞窟」と「岩」である。特に日本での移動の始発点になる彦山が重要で、権現が八角水精石躰《はつかくすいしようせきたい》の姿で垂迹と形容された由来は、般若

王が欽明天皇の御宇に仏像をもたらし難波の浦に着き「常に金色の光を放たせ給ふによりて年号をは金光と号」とある。『善光寺縁起第二』（一三七〇年以降）も同様に「安置霊像［……］依之又改元名金光元年［……］金光元年庚寅歳天下皆熱病」（続群書類従巻第八一四）と記す。仏教伝来の後に合わせたと思われる。

主神は……　彦山は三つの峯からなるが、主峰は北岳である。

『鎮西彦山縁起』　五来重編『修験道史料集Ⅱ西日本編』（名著出版、一九八四年）所収。

『宇佐八幡宮託宣集』　宇佐神宮の社僧の神吽《じうん》が正和二年（一三一三）に宇佐の八幡神の古記録、託宣などの集成を選修した。

図22　玉屋窟（般若窟）

窟内の秘所の柱状石である可能性が高い。洞窟信仰が水と龍と宝珠《ほうじゅ》の出現地へと変化した。洞窟は外来者と土地神と仏菩薩の出会いの場で開山伝承になる。般若窟はもともとは玉屋窟であり（図22）、タマ（霊魂）の籠る洞窟で、仏教化されて般若窟と呼ばれた。四十九窟の第一である。

③　中心と周縁の相互反転

権現は天竺から中国を経て日本へと渡来し、日本では彦山から熊野へと移動する。中心から周縁へ、周縁から中心へと動き、「彦山・石鎚山・遊鶴羽山」など個別の山々を中継地として、日本の山岳信仰の拠点、紀州の熊野へ収斂《しゅうれん》し、新たな中心を作る。彦山は熊野へ向かわずに石淵谷での二千年の滞在の後に、始原の地に戻る。周縁と中心の相互反転の動態が基礎にある。

④　点と線と面

紀州での点・線・面による聖地の結合と聖域化を説く。紀伊半島の各所への到達年を庚午《かのえうま》に統一し、西から南へと「線」をたどり（切部→神蔵→石淵）、六十年周期で各地に移動し、「点」を「面」（紀州）に作り変え聖域の領域化が進む。最後に権現は中央の本宮に鎮まり「点」に収斂する。点（山）から線（巡礼路）へ、面（聖域）へ質的に変容を遂げて受容された。

⑤　自然の表象としての聖地

熊野の自然を霊地で表象する。移動地点の切部、神蔵、石淵谷は、各々が山・谷・森で、熊野の根幹を形作る自然が聖地化されている。神蔵・石淵谷では、近くにあって岸・浜に祀られる新宮・阿須賀《あすか》も意識化される。熊野の聖域化の初期の段階が説かれる。

⑥　水の信仰

中核にあるのは水の信仰である。彦山権現の加護による彦山般若窟での湧水と、熊野の大湯原での熊野権現の顕現は、いずれも水を介しての再生を示唆する。山岳信仰の根源には水の源に寄せる人々の想いが凝結している。

⑦　月の信仰

熊野権現は大湯原に「月形」で出現した。二十三夜の月の形は三体に見え、真夜中に東方から現れ、三所権現に相応《ふさわ》しい。彦山権現の彦山への帰還日は小正月の満月の日（十五日）と説かれ、年頭の始原の日に位置づける。山の彼方に浮かび上がる二十三夜や満月が煌々《こうこう》と照らし出す光景は神秘性を帯びている。浄土信仰と月と山が結びついた。

⑧　四段階の構成

阿須賀　熊野川の河口近くの蓬萊山の南麓に社として鎮座する。境内には弥生時代の遺跡もあり古くからの聖地であった。熊野詣の参詣地で、『中右記』天仁二年（一一〇九）十月二十七日条には「参阿須賀王子奉幣」とあり王子であった。

二十三夜の月の……　『熊野権現御垂迹縁起』には、切部山に「庚午年三月廿三日」、新宮の南の神蔵峯に「庚午年三月廿三日」に天降ったとあり、熊野権現と二十三日は関連が深い。熊野では旧暦十一月二十三日に昇る月は三体に見えるという三体月の伝承がある。中辺路町と本宮町では真夜中に月が昇る十一月二十三日に月待ちをする。

全体の構成は四段階である。外来神の渡来→在地の地主神との遭遇→地主神の帰依と移動→定着・在地化・土着化、これらの過程を経て始原の語りが成就する。

⑨　場所の論理

内容の中核は各地の民間信仰が、山岳信仰・山岳仏教を介して、仏教と習合し融合する過程である。重要なのは教義ではなく、場所と場所をつなぐ関係性の論理である。特に「山」がその焦点として浮上し、異なる文化要素の習合・融合・対抗が山を舞台に展開する。

熊野と彦山の縁起の差異

熊野と彦山には全体構成の差異もある。幾つかを指摘すると以下のようである。

①　テクストの質と意図の差異——コスモロジーとイデオロギー

熊野の縁起は荘園の土地争いの訴訟に勝つための訴状として本宮の由来を記した行政文書の様相が強く、伊勢熊野同体論を主張するなど、朝廷の権力者の意向を受けて、公家のエリートが作成した政治テクストである。一方、彦山の縁起は西日本の山岳信仰の拠点としての正統性の主張のために、中央の熊野との対抗意識を高揚させて独自性を主張する意図があり、作成を僧侶に

熊野は中国起源　御伽草紙『熊野の本地』（十五世紀）はインドからの渡来を説く。天竺の摩訶陀国の善財王の妃、五衰殿女御は他の妃の嫉妬

依頼したと推定され、本地垂迹思想に基づき由緒を説く。熊野はイデオロギー優位、彦山はコスモロジー優位のテクストである。

② 聖地の語り方の差異1——在地への定着と外来性の持続

熊野は中国起源、彦山は天竺起源を説く。熊野の縁起は終結点の大湯原では猟師が登場し、殺生忌避が示唆され、権現へ奉仕して在地での祭祀が確立して終わる。一方、彦山はインドで投げた五つの剣を発見しつつ山々を移動し、最終的には熊野に至らずに彦山へ帰還する。中国から剣を日本に向けて投げる話は高僧（空海、最澄）の寺院開創伝承に多い。投げ剣の伝承は比叡山の安居院《あぐい》『神道集』に受け継がれた。彦山への帰還後、中興開山の法蓮《ほうれん》の事跡を記し宇佐との関係を説く。後世の『鎮西彦山縁起』（元亀三年・一五七二）

図23　善正上人・藤原恒雄像。

で讒言され山中で殺された。死の直前に生まれた王子は山中の獣に守られて成長し、法華聖に救われて善財王の下に帰り母の無実を晴らし、大王は王子・聖と共に飛車に乗り日本へ渡り熊野の神々として垂迹した。この話は『神道集』が初見である。

インドで投げた……　空海が明州から三鈷《さんこ》杵《しよ》を投げ、密教有縁の地、高野山に到達した伝承と類似する。九州では最澄が帰朝後に古賀の花鶴ヶ浜に上陸し、霊地を求めて、持参した独鈷《とっこ》と鑑を投げると二神山《ふたがみやま》（立花山）へ到達し、そこに初めての寺、独鈷寺（新宮町）を開創したと伝える。

投げ剣の……　『神道集』では、最初に大王は彦根山に飛来し、第一の剣は紀伊国神蔵、第二は筑紫彦根岳、第三は陸奥国中宮山、第四は淡路国、第五は伯耆国大山とある。熊野権現は八尺の熊と現じて、千代包という猟師が追い掛ける。途中で八《や》咫烏《たがらす》が先導すると記す。

は北魏から僧侶善正《ぜんしょう》が彦山へ渡来し、猟師の藤原恒雄《こうゆう》と出会い、恒雄は殺生の罪を悔いて出家し、忍辱《にんにく》の名で日本初の僧侶となったと説く（図23）。これは開山伝承に共通の話で、猟師が山中に獲物を追って仕留めたり傷つけるが、獣は最後は神仏として現れる。猟師は殺生を悔い改め、仏法に帰依し出家して僧侶として奉仕するという趣旨が多い。彦山は仏教化が濃厚で宣化天皇三年（五三八）の仏教公伝と同年の開山とし、役行者よりも古い開山を伝えることになった。

③　聖地の語り方の差異2——神名の名乗りの有無

聖地はいかに語られるか。熊野権現は彦山に五年、石鎚山に六年、遊鶴羽山に六年で紀伊へと動く。紀伊での森や河原、石淵谷と大湯原で権現の神名が開示される。移動は干支では甲寅に始まり庚寅に終わる。本地垂迹の思想のなかに狩猟民の山神、森神の信仰が取り込まれ、地主神が姿を現し、帰依した猟師は熊野権現の祭祀者になることを示唆する。神の名乗りが主題である。一方、彦山の縁起は彦山に八十二年、石鎚山嶺に六年、楡靏羽峯に六年で紀伊へと動く。剣に導かれて山を移動し、最後まで権現は神名を開示せず、石淵谷で二千年を過ごした後に九州へ戻った。語りの焦点は移動の過程であって目的ではない。移動は甲寅に始まり甲午に終わる。彦山の縁起の重点は兜《と》

役行者　本名は役小角《えんのおづぬ》。『続日本紀』文武天皇三年（六九九）条によれば、大和の葛城山を中心に活動した呪術者で讒言《ざんげん》により伊豆に流されたという。事跡は『日本霊異記』上巻二十八にも記される。鎌倉時代中期以降、修験道の開祖に祀り上げられた。

紀伊での……　『熊野山略記』では、「熊野氏人系図」に組み込まれ、雅顕長者（千代定の子）の勧請で直接に本宮の備崎《そなえざき》に現れる異伝がある。「神武天皇五十八年戊午冬十二月晦夜半、雅顕長者之勧請ニ依り、三所権現ハ紀国無漏郡備里大峯入口、備前楠木三本抄ニ、三面月輪登顕現シ給フ」とある。雅顕長者は晦山伏の開祖とされる。「備前《そなえざき》」は熊野からの大峯山の峯入り修行、順峯の第一の宿で、経塚があり祭祀遺構である。

率天《そってん》の内院に擬した四十九の洞窟での「臥験《がげん》」や、験力で使役霊となる金剛童子の霊験を説くことにあり、儀礼も仏教修行が主で神名の名乗りは重視されず、天台密教の影響が強い。熊野は終結の大湯原、彦山は始発の般若窟を重視し、ベクトルは逆だが、河原と洞窟は水と関わり共通性もある。

④　在地の神々との融合度の差異

熊野の場合は、中洲の河原は元来の地元の聖地であるが、地主神との葛藤は薄い。一方、彦山は移動に際して山の地主神（香春山・彦山の北山）との葛藤を引き起こし、抵抗と受容が語られる。熊野は中国からの飛来を説き想像力を飛翔させ、彦山は天竺から中国へ飛翔、中国から渡船して日本と、現実的であり、大陸との歴史的交渉を想起させる。熊野の縁起は想像力で異質性を融合させ、彦山の縁起は異質性を論理でつなぎ止める。

⑤　形式上の差異

熊野の縁起の内容は単純であるが、彦山の縁起は東遷を詳細かつ複雑に記す。彦山の記述は紀伊の移動の干支と滞在年数に整合性があるが、熊野の縁起が記す干支は滞在年数と対応せず、「王子信」は「王子晋」が正しいなど単純な誤記もあり、完成度は彦山の縁起が高い。彦山側の書き手は学識のある僧侶と推定され、文章の格調も高い。

帰依した猟師は……　『両峯問答秘鈔』巻上三十七には千代包は猟師で、その末の者が本宮の常住者になったと記す。後に本宮の扉の開閉を司り、「油戸」の管理を行うなど、祭祀者に近づく。

臥験　山の洞窟などに籠って修行し特別の験力を得た行者や僧侶。修験道化される前の中世の山岳修行は峯入りよりも参籠修行が主体で、縁起などの記述に現れる。

金剛童子　密教の護法神。童子形で忿怒《ふんぬ》形の相を表す。阿弥陀仏あるいは金剛薩埵《さった》の化身とされ、調伏や息災を祈る。大峯山には八大金剛童子、葛城山には七大金剛童子がいて行者を守護する。

中国からの飛来　初見は『吏《り》部王《ほうおう》記《き》』承平二年（九三二）二月十四日条で中国の金峯山が空を飛んで来て海に浮かんで日本にやってきたとある。『金峯山雑記』『金峯山創草記』なども同様である。

熊野と彦山の歴史的背景

熊野と彦山の縁起の差異は以上のようであるが、相互の歴史的な関係性のあり方が影響を与えていることは当然である。『熊野権現御垂迹縁起』で説かれる熊野は三山成立以後とみられ、熊野「本宮」の中心的地位が確立している。▲新宮・那智には別伝があり、『熊野山略記』（永享二年・一四三〇）は開山を裸形上人とする。▲熊野の縁起の全体像は他の縁起や、御伽草子「熊野の本地」（十五世紀）などを含めた考察が必要である。熊野は寛治四年（一〇九〇）に増誉が白河上皇の熊野御幸の先達を務めて熊野三山検校に任じられて以降、園城寺（寺門派）が権門と結合して勢力を拡大し、熊野詣の隆盛をもたらした。『中右記』寛治八年（一〇九四）条は彦山衆徒と安楽寺（太宰府）や弥勒寺（宇佐）の蜂起事件を記し彦山は宇佐と結合した大勢力であった。応保二年（一一六二）に甲斐国の熊野本宮の荘園に関わる争いを受け、『長寛勘文』（一一六三）の訴状に熊野の縁起が掲載された。後白河上皇は養和元年（一一八一）に京都に新熊野《いまくまの》社を勧請したが、寄進荘園の一つが彦山で熊野の支配下にあった。『彦山流記』（一二一三）は熊野の支配から抜け出す意図で書かれ、彦山は熊野より古いと主張したとみられる。

彦山の当時の山内は『彦山流記』によれば、大講堂には講衆百十人、先達二百五人がいた。山内に広がる四十九窟に祀られる神仏が記され、洞窟での参籠修行

熊野「本宮」の……　『両峯問答秘鈔』巻上三十一に「問云。熊野権現三山垂迹各一途、先本宮影現次第如何」とし最初の出現地の本宮の謂《いわ》れを説く。

新宮・那智には……　『熊野権現金剛蔵王宝殿造功日記』は新宮の開創を説く。孝昭天皇辛卯歳、熊野新宮に三匹の熊が現れ猟師の是与（是世）が追うと、西北の石上で三つの鏡となったので是与は弓を捨てる。裸形上人がそこに出現する。孝昭天皇戊午歳、那智滝に千手観音が現れ、同年の九月九日、裸形上人が山上に熊野十二所権現を奉祝した。裸形は滝で修行し、滝壺より如意輪観音像を感得し、観音像を草庵に安置し、朝夕の勤行《ごんぎょう》を怠らなかった。裸形の示寂《じじゃく》後、大和の生仏上人が一丈の如意輪観音を刻み、胎内に裸形感得の金仏を入れ、堂宇を建てた。なお、本書は偽書である。川崎剛志「『熊野権現金剛蔵王宝殿造功日記』という偽書」（『説話文学研究』三六号、二〇〇一年）。

が主体で、峯入りは行われていなかった。同時代の戸隠山《とがくしやま》の由来を記した『阿娑《あさ》縛抄《ばしょう》』▲も洞窟を列記して幾つかに「験処《げんしょ》」と記し、洞窟参籠で特別な力（験）を得る修行が、各地の山で行われていたことが推定される。彦山四十九窟の一つに「今熊窟」▲の記載があり「熊野若王子等御躰皆同之安置」とあり京都からの勧請を伝える。今熊野《いまくまの》窟近くの岩屋に嘉禎三年（一二三七）銘の梵字と二十三夜の本尊である勢至菩薩の彫刻が残る。▲銘文には、一字三礼して法華経を書写し、阿弥陀三尊を岩に彫り、三所権現を祀り、梵字を岩に刻んだと供養法を具体的に述べている。月の信仰と浄土信仰を結合した熊野の影響が色濃い。熊野と彦山は修験道成立以前から相互交流があり、伝承に影響を与えつつ縁起を記したのであろう。

3　切目王子の位置づけ

縁起から神楽へ

熊野の縁起から神楽へという展開を探る場合に、九十九王子のなかでも重要な位置を占める切目王子の考察を中核にする。『熊野権現御垂迹縁起』によれば、紀州に入った熊野権現は、切部山、神蔵山、石淵谷の三ヶ所を移動して本宮に至ったとある。各地点は後世の熊野信仰を構成する重要な拝所となった。このうち

『阿娑縛抄』　鎌倉時代に集大成された天台密教に関する事相書《じそうしょ》。承澄の編集とされ、真言東密の心覚の『別尊雑記』や覚禅の『覚禅抄』と対照される。建治元年（一二七五）頃の成立とされる。

今熊窟　今熊野窟のこと。『彦山流記』は「新熊野」とは書かない。

今熊野窟近くの……　梵字岩に接する岩壁に「奉彫石面月輪梵字□」「嘉禎三年歳次丁酉六月十五日」の日付が刻銘されている。

切部は、「切部山西乃海乃北乃岸乃玉那木乃淵農上乃松木本」に鎮座とあり、『彦山流記』では「切部山玉那木淵上」と記され、タマナギとあるように、タマ（神霊）が宿るナギ（梛）の信仰がある。切部山は現在の切目王子とされる。切目王子は九十九王子のうちの五体王子の一つとなり筆頭格で、▲熊野十二所権現のうち御子神である五所王子の筆頭の若一王子《にゃくいちおうじ》と同定された。▲縁起では王子のうち切目だけが語られていることはその重要性を表している。▲『熊野山略記』によれば、熊野権現は彦山から直接に切目に来ると語られている。▲

図24　切目王子。

切目王子は現在では日高郡印南《いなみ》町の海岸近く、切目川の河口部に切目神社として鎮座する（図24）。歴史は古く『万葉集』巻十二（三〇三七）の「殺目山行きかふ道の朝霞ほのかにだにや妹に逢はざらむ」の「殺目《きりめ》」に遡る。創建年代は社伝

切目王子は……　五体王子の初見は、大治二年（一一二五）の鳥羽上皇の熊野詣を記した『熊野権現金剛蔵王宝殿造功日記』の「五所王子舞楽有り、藤代王子、切目王子、稲荷王子（稲葉根王子か）、滝尻王子、発心門王子」の記述である。

熊野十二所権現の……　熊野十二所権現は三所権現（本宮・新宮・那智）・御子神の五所王子・眷属の四所明神から構成される。

縁起では……　『熊野山略記』（永享二年・一四三〇頃までに成立か）には、「同（孝昭天皇）御代、十二所権現御船乗り、紀伊国藤代に着岸、楠上七十日御座、其後孝安天皇御代、権現船に乗り、切目浦着岸、一夜を経て出立浦着岸、出立浦自り船を拾う」とあり、飛来ではなく船で藤代に到着し、船で切目へという伝承である。

熊野権現は……　「引導して震旦に入り式民し、俗に候嶺真人と号す。教法西没之刻、鎮西彦山に迁《いた》り、八

では崇神天皇の代に遡るとされ、現在の祭神は天照大神、天忍穂耳尊《あめのおしほみみのみこと》、瓊瓊杵尊《ににぎのみこと》、彦火火出見尊《ひこほほでみのみこと》、鸕鷀草葺不合尊《うがやふきあえずのみこと》の地神五代の五神である。『紀伊続風土記』は境内摂社として護良《もりなが》親王を祀る大塔宮《だいとうのみや》社があったと記す。旧社地は山の手の記念碑付近とされる。現本殿は貞享三年（一六八六）再建の春日造檜皮葺《ひわだぶき》で例祭は十月十八日、拝殿は明治四十一年（一九〇八）の再建という。本地仏は十一面観音（『熊野縁起』、仁和寺蔵、正中三年・一三二六）とあり、『證菩提山等縁起』（文亀三年・一五〇三）に「切目金剛童子（義真和尚返了）十一面垂跡、黒炎躰、右蓮花形棒取、左念珠モタリ、左足□右コフラヲフム」、『両峯問答秘鈔』（弘治三年・一五五七）に「切目王子　珠光童子云々、黒炎体、本地十一面、義真和尚顕之」とある。

切目王子と文学

切目王子は、平安時代中期以降は上皇や貴族の熊野詣の記録に記され、奉幣、経供養、神楽、歌会が境内で催されていた。『中右記』天仁二年（一一〇九）十月二十日条の「切部水辺」での祓い、「王子」での奉幣、『吉記』承安四年（一一七四）九月二十七日条の参詣の記事がある。後鳥羽上皇の熊野御幸に随行した藤原定家の『後鳥羽院熊野御幸記』建仁元年（一二〇一）十月十一日条には切目王子

角水精と現る。大法東漸之時、切目に遊び那木《なぎ》を松羆《しょうがん》する……」。その後、神武天皇が神蔵山で宝剣を得て、大熊を従える伝承を伝える。

本地仏は十一面観音　印南町名杭の観音堂に安置されている十一面観音立像（平安時代前期。檜造り）は切目王子の本尊仏であった可能性が高い。

『熊野縁起』　翻刻は『仁和寺資料第三集　縁起篇』（名古屋大学比較人文学研究年報、二〇〇三年）所収。

『両峯問答秘鈔』　大峯山・熊野三山・金峯山に関する霊場の由来、儀礼、熊野詣などについて本山派修験の側から説いた。猷助《ゆうすけ》作とされ弘治三年（一五五七）書写本が残る。撰者の猷助は永正十七年（一五二〇）に灌頂儀礼を行った記録がある。

『後鳥羽院熊野御幸記』　藤原定家の日記『明月記』の一部で後鳥羽院の熊野詣に同行した記録である。『熊野道之間愚記』ともいう。

の参詣後に宿所で歌会を催した記録がある（図25）。熊野詣の歌会で書きつけた「熊野懐紙」が約三十通現存するが、後鳥羽上皇が正治二年（一二〇〇）十二月三日、切目王子で開いた歌会での懐紙は十一通が現存し、現在は西本願寺の所蔵で、「切目懐紙」と呼ばれている。

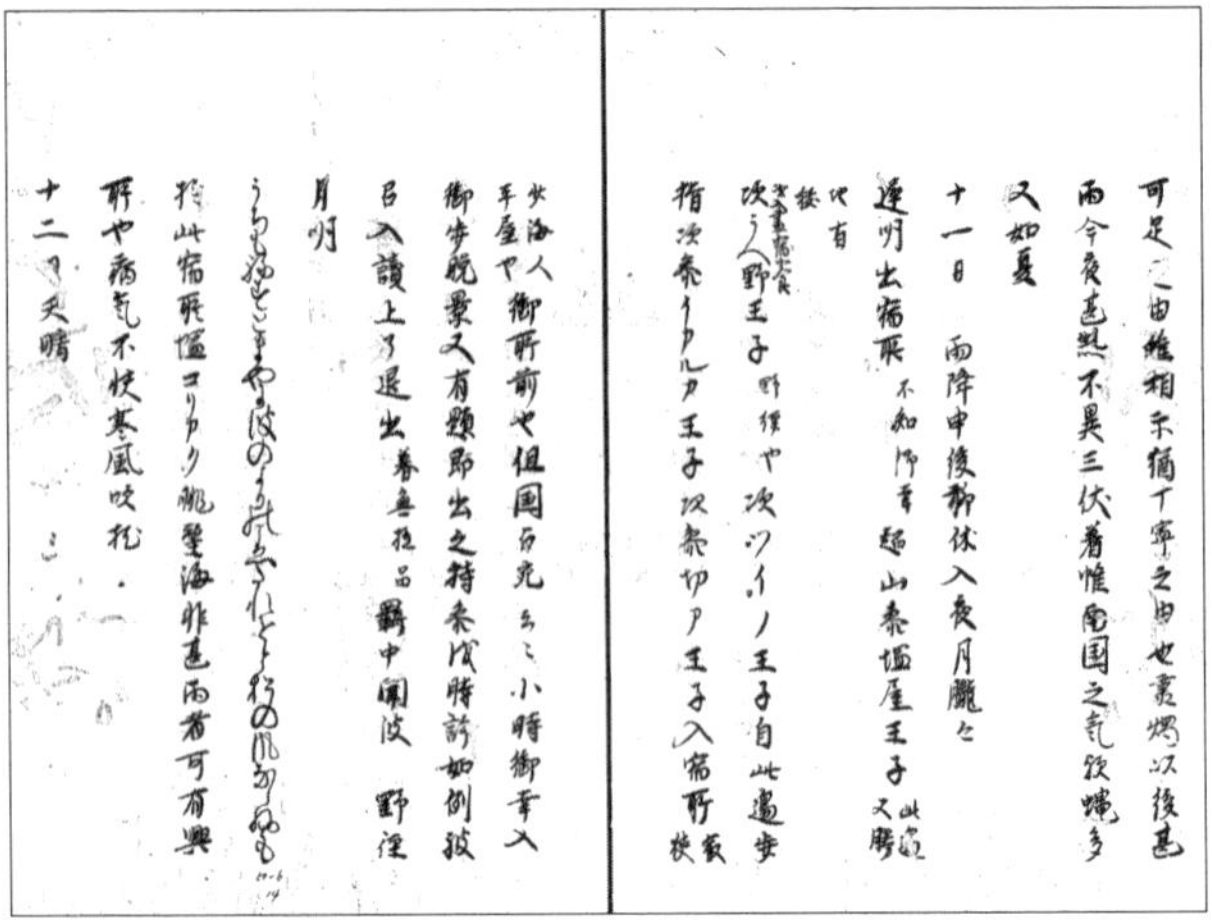

図25　『後鳥羽院熊野御幸記』

歴史の重要な出来事にも登場する。『平治物語』上巻に「信西が切目王子の前で短命の相」と言い当てられたと記録にある。また、平治元年（一一五九）十二月十三日、平清盛は熊野詣の途上、切目王子に差し掛かった時、源義朝挙兵の報を受けてこの地で直ちに評定を行い、すぐに引き返して勝利したという。『平家物語』巻十では平維盛《これもり》が熊野へ落ちる時に、近くの岩代王子で湯浅宗光に会ったとある。『太平記』巻五「大塔宮熊野落事」では元弘の乱（一三三一）で、護良親王が切目王子で童形の熊野権現のお使いから夢のお告げを受けてその助けで十津川へと落ちのびた情景を記す。護良親王は柿衣《かきごろも》に笈《おい》を掛け、頭巾《ときん》を深くかぶった山伏姿で落ちのびたとされる。▲ 切目王子は紀伊半島西岸にある王子として歴史の大きな出来事に繰り返し現れてきた。熊野権現との直接的なつながりを持つ王子として独自の位置を与えられてきたのである。

護良親王は……　山伏姿にやつした護良親王の一行が「我々は三重の滝に七日間打たれ、那智に千日籠って、三十三所巡礼のため参上した山伏だ」といって里人を信用させたとある。

4 切目王子に関する伝承

切目王子に関する古い伝承を『諸山縁起』▲（鎌倉時代初期）は以下のように記す。

『諸山縁起』

大峯より役行者《えんのぎょうじゃ》出でて、愛徳山に参詣の間、発心門《ほっしんもん》に一人の老者あり。値《あ》ふ。「何人《なにびと》ぞ」と問ふに、答へて云はく、「吾は百済国の美耶山に住む香蔵仙人なり」と。云はく、「公《きみ》、数万劫《こう》、法を求むること久しく御坐《ましま》す。今この国の行人叶《ぎょうにんかな》はざるか。然りといへどもこの峯ここに種々の主《ぬし》あり。知らず御《ましま》すや。如何、熊野の御山を下向する人のその験気《げんき》の利生《りしょう》を奪い取る者三所あり。未だ知らざるや。何《いかん》」と。行者、「知らず」と答ふ。「我に教へ給へ」と。云はく、「熊野の本主は麁乱神《そらんしん》なり。人の生気を取り、善道を妨ぐる者なり。常に忿怒《ふんぬ》の心を発して非常を致すなり。時々山内に走り散りて、人を動《おびや》かし、必ず下向《げこう》する人の利生を妨ぐ。その持する事は、檀香《だんこう》、大豆香《だいずこう》の粉《こ》なり。面《おもて》の左右に小《すこ》し付くれば、必ず件《くだん》の神遠く去る。その故に、南岳大師《なんがくだいし》の御弟子一深仙人の云はく、「人、もろもろの麁乱神を招き眼《まなこ》を奪ふことあらば、檀

『諸山縁起』 大峯山・葛城山・笠置山の縁起である。鎌倉時代初期頃の成立で、興福寺の慶成筆の写本が宮内庁書陵部に残る。

香・豆香を入るれば皆悉《ことごと》く去り了んぬ」と。その故に、大豆を粉に作《な》して面に塗れば、必ず障碍《しょうげ》する者遠く去るなり。その処は、一に発心門《ほっしんもん》、二に滝本《たきのもと》、三に切目《きりめ》なり。山中に何の笠をば尤《もっと》もにせん。那木《なぎ》の葉は何ぞ。荒れ乱るる山神、近く付かざる料なり。金剛童子の三昧耶形《さんまやぎょう》なり。而るに不詳なるは松の木なり。この事を能く知り、末代の人に伝え御《ましま》せ」と。云はく、「滝尻《たきじり》の上の御前は常行の地にして、善生土《ぜんしょうど》と云ふなり。諸仏と共にこの山に住する山人、歳久しく常に麁乱神の遊ぶを知らず。余の恠《かい》あらず。毎月一度の供、善生に返るか」と云ひて、隠れ了んぬ。願行《がんぎょう》これを記すと云々。願行はこの行者の伯父の弟なり。寅の日に修行に入る。即ち願行なり。熊野山参詣の先達を伝へ始む。願行の後、寿元《じゅげん》先達は興福寺の仁宗貴所《にんそうきしょ》の弟子なり。寿元は大峯九度の先達なり。常に鎮西《ちんぜい》の彦山《ひこのやま》に住す。これ古《いにしへ》の持経者なり。聖武天皇の時の人か。

この縁起から熊野の本主は麁乱神であり、山中の神は障礙《しょうげ》なす忿怒神で、荒ぶる神、荒神として意識されていたことがわかる。▲山中修行にあたっては、檀香《だんこう》や大豆《だいず》香《こう》の粉《こ》を面に塗って難を逃れ、ナギの葉を笠につけて歩けと細かく呪法を指示する。麁乱神は三ヶ所にいて、発心門、滝本、▲切目とある。『両峯問答秘鈔』

荒ぶる神……　泊如運敞《はくにょうんしょう》の『寂照《じゃくしょう》堂谷響集《どうこっきょうしゅう》』巻九（一六八九）には、「荒神者何神也」の問いに対し、役行者が葛城に登った時、東北方から麤乱《そらん》荒神が現れ、三宝荒神と称したとある。現在でも那智妙法山では阿弥陀寺は地主神として荒神社を祀る。

滝本　那智の滝本を想い起こさせるが、『両峯問答秘鈔』に従い滝尻とするのが適切であろう。

図26　発心門王子

巻下五十八は、ソラン神は「祓殿発心門滝尻切目」にいて「大豆香ヲ目ニ入テ眼ヲクラマス」と記す。『諸山縁起』の「滝本」は「滝尻」の誤記の可能性が高い。滝尻は富田川と石船川の合流点で、「常行の地」として山岳行者の儀礼の場になっていた。『両峯問答秘鈔』の場合、祓殿は熊野本宮に入る前の祓いの場、発心門は熊野本宮の入口で杖を金剛杖に替える場（図26）、滝尻は熊野の霊域への入口で山人の「常行」の場、切目は紀州の西岸の重要な拝所で、境界の儀礼を行う重要な場所にある。発心門と切目は五体王子の一つである。切目王子の重要性が示唆されている。

『宝蔵絵詞』

切目王子の特色を示すのは大豆粉に関する伝承である。大豆粉の習俗は室町時代の住心院実意『熊野詣日記』応永三十四年（一四二七）十月六日条に詳しく記されている。

切目の王子の御まゐにて、御けしようの具まいるまめのこなり、御ひたい、御はなのさき、左右の御ほうさき、御おとかひ等にぬりましまして、まさに王子の御まへをとひらせ給時ハ、いなりの氏子こう

図27 『宝蔵絵詞』

こうとおはせらるべきよし申入。

王子社の前を額、鼻、頬、頤《おとがい》などにきな粉をつけて化粧して通過して、人間でないものに変身し、コウコウと狐を真似る擬声を発して難を逃れたとある。ほぼ同時期の『宝蔵絵詞』（文安三年・一四四六書写）によれば（図27）、切部王子が随侍していた僧侶が、王子が疎ましくなったので「腐った梛の臭うものに鰯を入れて頭から浴びればよい」という古参者の智慧で、そのとおりにした。切部王子が怒って僧侶の鼻を弾《はじ》くと死んでしまった。王子は熊野権現のもとに帰り僧侶の死を報告すると、熊野権現はひどいことをしたとして捕縛して右足を切り、切部の山に放逐した。ところが王子は熊野詣をして利生《りしょう》をうけて下向する者たちの「福《ふく》」と「幸《さいわい》」を奪うようになった。熊野権現は参詣者が嘆き悲しむのをみて稲荷明神を呼び出して相談した。稲荷は仲のよい「あこまち」（阿古町）という者を王子のもとに遣わした。「あこまち」は王子と会い、「まめのこ」（大豆粉）で化粧する者は自分の信者なので「福幸」は奪わない旨を約束させた。王子は「まめのこ」の臭いが嫌いだという。このことを稲荷が聞いて熊野権現に伝えた。かくして熊野詣の道者は大豆粉の化粧をして切目を通って害に会うことがなくなった。この伝説から道者が守護神である稲荷のお使いの狐の鳴き声をまねる理由も解ける。熊野権現と稲荷明神の間には道者を守護するという確約があった。切目山は熊野と稲荷の二つの信仰の接点であったが、切目王子は稲荷ではなく「あこまち」という土地の霊の言うことしか聞かない。伝承の発端となった僧侶は護法童子の加護を受けていたものの、神木であるナギを腐らせたり、鰯という生臭物を使うなど熊野権現を冒瀆《ぼうとく》する行為を行う。一連の伝承は切目に関わる負の属性を表す言説であると言える。「阿古《あこ》」の名称は死霊、悪所など負性の表象でもある。切目王子に関して、『両峯問答秘鈔』巻下五十六は以下のように記す。

切目ノ王子ノソバニテ、谷ニ向テ祓在《ハラヒアリ》。是ハ行者御参ノ時、谷ヨリ青色鬼形ノ女人来テ行者ニ申云《モウシテイ》フ、我此谷ニ住シテ年久クナレリ、人ヲ食スル間罪《ザイ》障深重《ショウジンチョウ》也。願ハ行者救給《スクヒタマ》ヘト申。時ニ大中臣祓《オオナカトミノハラヘ》ヲシテ、大ヌサヲ打フリ給ヘバ、ヨロコビテ帰畢《オワンヌ》

切目の付近は魔物が徘徊する場所であった。近くの谷には食人鬼を呪法で救済する行者の説が伝わる。また、切目王子は熊野曼荼羅の図像では伝承に基づき右

『宝蔵絵詞』　原本は上中下の絵巻であったが、現在は下巻の詞書のみである。原題名は『切部絵』であろうという。石塚一郎「後崇光院宸筆宝蔵絵詞」(『書陵部紀要』二一号、一九七〇年、七七～八一頁／後に篠原四郎編『那智叢書』第二三巻、熊野那智大社、一九七四年、に「切目王子」の「きな粉の化粧」として再録)。

「あこまち」　伏見稲荷社に「阿古《あこ》神社」がある。稲荷史料の『明応遷宮記録』(『稲荷大社由緒記集成』所収)の稲荷中御社末社に阿古町社の名があり、女狐の精だという。名波弘彰「院政期の熊野詣――滅罪・鎮魂、護法憑けをめぐる儀礼と信仰」(『文芸言語研究・文芸篇』第一三巻、一九八八年)、八八頁に詳しい。

護法童子　仏法に帰依した神霊で密教の法力や修験道の験力で使役され童子形で表される。在地の荒ぶる神霊が多い。

足がなく杖をついた姿である。その容姿は不動明王に付き従う制吒迦《せいたか》童子に類似し、悪性の者を統御して従者にした▲と伝える。荒ぶる性格を残し両義性を帯びる護法童子に通じる。▲切目王子の一本足の姿は紀州東西牟婁郡や熊野川上流域、大和の十津川村などに伝わる山中の怪物「一本ダタラ」▲を想起させる。熊野の地主神や山神は『諸山縁起』が「熊野の本主は麁乱神なり」と記すように荒ぶる神霊であり、仏教や修験の活躍で怪物や魔物に貶《おとし》められて統御されるものに変化したとみられる。切目は負性を帯びたものとの出会いの場であり、熊野権現と稲荷明神の加護を得て乗り越える境界点であった。

5　護法童子への展開

熊野詣の儀礼

熊野詣自体は全体が儀礼であった。白河上皇は「山臥《さんが》」▲の姿の白装束で歩いたと伝えられる（『中右記』）。道中では毎日「暁夕《ぎょうせき》の所作」を行い、特定の王子▲で「道中祓」や「非巡水《ひずこり》」など垢離と禊祓を厳格にした。各王子では御禊（祓）、奉幣、御燈明供養、御経供養を行い、五体王子では神楽と馴子《なれこ》舞《まい》、和歌などが奉納された。発心門王子では持参の杖を金剛杖に替える儀礼も行われた。熊野詣の目

「阿古」の名称　山上ヶ岳後方の龍の居地を「阿古谷」といい通行者に危害を加えたとされる。羽黒山の本社後方の「阿久谷《あくや》」は開山が聖観音と出会った始原の地である。五来重『山の宗教——修験道』（淡交社、一九七〇年）、二三一頁によれば「阿古谷」「阿古屋」は「悪谷」で風葬の地で恐れて近づかないとした。

近くの谷には……　仁和寺「熊野縁起」（正中三年・一三二六）には、「切目中谷。口広シテ面赤キ如（女か）アリ。我ハ是道人ヲ食スル鬼ナリ。行者ハ貴人也。我ヲ助給ヘト云。然者《シカラバ》秘密神咒《シンジュ》備テ令聞《キコシメ》給シカバ、恭敬礼拝シテ隠クレ了」とある。

熊野曼荼羅の図像　図像化に関しては、山本陽子「熊野曼荼羅に見る神仏のヒエラルキー——切目王子を中心に」（大橋一章・新川登亀男編『「仏教」文明の受容と君主権の構築——東アジアのなかの日本』、勉誠出版、二〇一二年）、三二一～三四七頁。

的は『両峯問答秘鈔』巻下三十九では滅罪浄化を説くが立願もあり必ずしも極楽往生の浄土入りの確証に一元化していなかった。先達を務める修験の影響が浸透し、全体が山林抖擻《とそう》の様相を帯び擬死再生も説かれた。教義として明確に述べているのは『小笹秘要録《おざさひようろく》』▲（元禄十六年・一七〇三書写）「熊野参詣品《ぼん》」で、参詣は「葬送ノ作法ナリ。故ニ死門ニ向カフ粧ナリ」として、「上ノ死門ニ詣ヅルハ入胎、下ニ向フハ生門ノ出胎ナリ」とあり、山中は擬死再生の胎内修行と説く。道中は護法の守護を受けていた。光宗《こうじゅう》『渓嵐拾葉集《けいらんしゅうようしゅう》』▲（文保二年・一三一八）巻六「神明部」には「参詣ノ路次ニハ道詞《ミチコトバ》トテ、男サヲト名《ナヅ》ク。女イタト名《ナヅ》ケタリ。尼ヲバソキト名ク。法師ヲバソリト名ク」と忌詞《いみことば》で言うとある。サヲ（棹）とは男巫、イタとは巫女の名称である。在家の道者は熊野詣の道中を憑依状態で歩いていたことを意味し、護法が身体に憑依して守護しているという感覚があった。出家の尼や僧のソリとソキは剃髪と円頂を意味して憑依の感覚はない。

護法送り

熊野詣からの帰還にあたっては道者は伏見稲荷に詣でて奉幣し「護法送り」をした。延慶本『平家物語』「康頼熊野詣」では「三山奉幣遂《とげ》にければ悦《よろこび》の道に成しつつ、切目の王子のなぎの葉を稲荷の椙《すぎ》に取り替えて、今はくろめに着きぬと

悪性の者を……　『不動使者陀羅尼秘密法』には「猶、人間の悪性の如く、下に在りて駆使を受けると雖も、常に過失多き也」という。

護法童子に通じる　書写山円教寺の乙護法も荒ぶる性格を持つ。葛川明王院の護法尊は乙護法で、脊振山、阿蘇山にも同様の伝承がある。

一本ダタラ　一つ目で一本足の妖怪で十二月二十日に出現して人を喰うと伝えられる。『紀伊続風土記』巻八十の牟婁郡色川郷樫山村の王子権現の由来譚は一本ダタラの退治伝説を伝える。

山臥　修験（山伏）の前身となる山岳修行者。鳥羽上皇、崇徳上皇、後鳥羽上皇などが熊野詣に「山臥装束」を着用した記録が『長秋記』『本朝世紀』『仲資王記《なかすけおうき》』に記されている。竹園賢了「熊野信仰の一考察」（宮家準編『熊野信仰』、雄山閣、一九九〇年）、一一二頁。

思《おもひ》て下向し給けり」とある。ナギの葉を稲荷のご神木の杉の葉に替えて入京した。下向にあたって守護してくれた金剛童子は送り返される。「黒目」とは何か。『小笹秘要録』「熊野参詣品」によれば「神殿ノ上品上生ヲ以テ、方《マサ》ニ下品下生ト為シ、黒目ヲ以テ上品下生ト為ス」とあり、浄土往生を達成し上品と下品の中間地点に至った。憑依状態で言えば、熊野→護法→稲荷への転換である。「切目」と「黒目」は対応し、「目」は境界であるとともに、見えないものとの交流ができる特別な場所をいったのかもしれない。そのなかでも切目王子は紀州への外部からの入口、熊野の聖域への出発地、海と山の接点の森、護法と稲荷の出会いの場、熊野権現の使わしめの出現地など多重的な境界性を帯び、さまざまな伝説を呼び起こす場となっていた。

6　ナギと牛玉宝印

ナギの伝承

切目王子ではナギがご神木である（図28）。『熊野権現御垂迹縁起』と『彦山流記』の双方に切部のナギ（梛）は言及されている。『諸山縁起』には、「那木《なぎ》の葉は何ぞ。荒れ乱るる山神、近く付かざる料《りょう》なり。金剛童子の三昧《さんま》耶形《やぎょう》なり」とし

特定の王子　『両峯問答秘鈔』巻下五十三によれば七ヶ所で、紀伊御河、角河、出立、滝尻、近露、湯河、音無とある。

『小笹秘要録』　小笹を拠点とした当山派修験（真言宗）に伝わる秘伝を記した書。

『渓嵐拾葉集』　天台宗の伝承、政治・経済・文化などを記録した鎌倉時代末期の仏教書。現存百十三巻。『阿娑縛抄』、『覚禅抄』と並ぶ中世の仏教教学の集大成の書。

て、金剛童子の変化《へんげ》身《しん》とされる。三昧耶形とは仏菩薩の衆生済度《しゅじょうさいど》の誓願を具現した表示で、諸尊の持ち物や印契《いんけい》のことで、金剛童子の三昧耶形は教義では法具の独鈷《とっこ》や三鈷《さんこ》杵《しょ》であるが、ここではナギの葉をいう。ナギの葉を三昧耶形とする思考は、紀州での独自の発展とみられる。中世の熊野詣は道中の安全を願い、道者の貴族はナギの葉を護符として烏帽子や笠につけ、武将は鎧や兜につけて災難除けとした。熊野詣の日記にも初期から記されている。藤原為房の『大御記』永保元年（一〇八一）十月九日に、「此日《このひ》切戸《きりと》山《やま》に於いて、奈木葉《なぎのは》を取りて笠に挿す」とあり、『梁塵秘抄』には「熊野出でて　切目の山の梛の葉し　万《よろづ》の人の上被《うはぎ》なりけり」（五四七）、『保元物語』上巻の鳥羽上皇の熊野詣は「切目の王子の南木《なぎ》の葉を、百度千度かざゝんとおぼしめししに」（久寿二年・一一五五）とある。藤原定家『拾遺愚草《しゅういぐそう》』（建保四年・一二一六）には「ちはやぶる熊野の宮のなぎの葉をかはらぬ千世《ちよ》のためしにぞおる」の歌が収録されている。

図28　ナギの木

ナギの葉は災難除けや夫婦円満の護符とされる。葉は縦に細い平行脈が多数あり、横には簡単に裂けるが、縦にはちぎれない。チカラシバとも呼ばれる。男女の縁が切れないように女性が葉を鏡の裏に入れた。良縁に恵まれるようにとの願いが込められる。裏も表も同じようなので、裏表なく正直で素直な人間に育つ願いを籠める。凪《なぎ》に通じ、漁師や船乗りの航海安全のお守りともされた。熊野比丘尼は、牛玉宝印や梛の葉を配って人々に熊野信仰を広めたという。切目王子には熊野比丘尼の伝承地がある。『紀伊続風土記』には、「天正十三年（一五八五）兵燹《ひょうせん》に罹りて社殿神宝の類悉焼亡す。後禁廷に願ひ奉りて其写を賜へりとて今神殿に蔵めて重宝とす。天正兵火の後比丘尼ありて七箇月の間に社殿を再興すといふ。今の妙法山尼屋敷といふは、今社地の前街道を隔てて小高き所これなり。其比丘尼の居りし所なりといふ」とあり、熊野比丘尼の活躍を伝える。「熊野垂迹縁起」に記されるナギの信仰はもともとは切目が発祥の地で、後に熊野の神木に転化した可能性もある。

牛玉宝印

本宮では道中の安全や無事を祈って、ナギの葉とともに牛玉宝印《ごおうほういん》▲が授与された。牛玉宝印は発行社寺の名称の文字を、眷属の烏、蛇、鷹、鳩、蜈蚣《むかで》などの形で図案化した護符である（図29）。和紙の上に墨と木版で手刷りする。そこに押される宝印の朱印は呪力の源泉で、本尊の種子の梵字が描かれ神仏が勧請される。牛

図29　熊野本宮牛玉宝印

牛玉宝印　牛玉は牛王とも書く。宝物の牛の額にある牛玉《ごおう》と牛の腸内にできる牛黄《ごおう》が混同されており、訓読みではウシノタマという。牛黄は牛の胆石を乾燥させた濃い黄色の塊で漢方薬の生薬の原料とされ、解熱、解毒、強心に効《き》くとされた。牛玉は守護霊でもあり、修二会では最初に牛玉降ろしを行って魔障を除き、結願に牛黄を入れた墨で書いた牛玉札や牛玉杖を護符として授与する。

の胆嚢にできる結石を陰干しにした牛黄《ごおう》を墨や朱印に混入する。病気の時にちぎって飲む、燃やして灰にして水に入れて飲むと治癒の効果があったとされる。▲牛玉宝印は修正会《しゆしようえ》や修二会《しゆにえ》など新春の法会の場で刷られて信者に配布され、経文の功力《くりき》も籠められた。牛玉の朱印は満行の証《あか》しとして僧侶などの額に押される。牛玉宝印で最も名高いのは熊野牛玉▲で、別名烏牛玉、俗称では「おからすさん」ともいい、烏と宝珠《ほうじゆ》が「熊野山宝印」（本宮、新宮）や「那智滝宝印」などの文字と合体して描かれる。樹木→護符→文字→図案→朱印→薬と要素が混淆し重層化した。文字の呪的性格を一体化させた護符は、熊野権現の使役霊・護法神と同様に強い力を発揮するとされた。また、除疫や福寿増長を願う護符であるとともに、料紙として起請文にも使用され、裏側に誓いを書き記して、人間同士の契約を神仏照覧の下の誓約という高次の交感の媒体に昇華させた。政情不安定な戦国時代には、大名や領主の間での同盟や主従関係を神明に誓う起請文の交換は頻繁に行われた▲。牛玉宝印の流行には歴史的背景がある。

　牛玉宝印の発祥の地は不明だが、鎌倉時代以降に熊野から各地へ伝播したとみられる。現存最古の牛玉宝印▲は、東大寺文書にある東大寺世親講衆等連署起請文の文永三年（一二六六）の日付を持つ「二月堂牛玉宝印」と「那智滝宝印」とされる。彦山の牛玉宝印の初見は建武三年（一三三六）に肥前国で武士が作成した

牛の胆嚢に……　『和漢三才図会』三十七に、「牛黄は俗に宇之乃太末《うしのたま》と言う」とある。

熊野牛玉　熊野の那智では文安二年（一四四五）から明応三年（一四九四）頃まで盛んに作られた。

料紙として……　先駆的業績は、相田二郎「起請文の料紙牛王宝印に就いて」（『日本古文書学の諸問題』、名著出版、一九七六年／初出、『史学雑誌』五一編四～七号、一九四〇年）。

現存最古の牛玉宝印　初見については、千々和到「東大寺文書にみえる牛玉宝印」（『南都仏教』三九号、南都仏教研究会、一九七七年）。

起請文で、三羽の鷹の印を用いている。彦山権現のお使いは鷹で、「彦山御宝印」と書いた文字の上に三羽の鷹を描く。九州では彦山の他には、筑前の宝満宮、肥後の阿蘇宮、日向の鵜殿宮などの牛玉があるが、北部九州の戦国大名の多くは彦山を用いることが定式化した。彦山の信仰圏は、牛玉宝印の料紙の普及状況で知ることができる。牛玉宝印の広がりから、彦山は南北朝時代から室町時代に九州全域に勢力を拡大し、巨大な信仰圏を保持して全盛時代となったことが知られる。熊野信仰は室町時代から江戸時代には御師や熊野比丘尼の活躍、絵解《えとき》などを通して各地に広まった。しかし、近世の紀州藩は神道化を進めて、修験は弱体化した。

熊野起源と推定されるナギと牛玉宝印の二種の護符は、いずれも紀州の樹木信仰に根源を持つかと思われる。牛玉宝印は杖に挟まれて牛玉杖と呼ばれ、田圃の水口《みなくち》に挿して五穀豊穣を祈願したが、杖には柳やヌルデなど剝くと白くなる木を使用し、聖性を宿す木▲となった。ナギや牛玉は単なる呪物や護符に止《とど》まらず、金剛童子や護法童子、眷属や使役霊、地主神と同体とされた。ナギと牛玉宝印という特色ある熊野信仰は王子信仰として各地に広まった。王子は熊野のお使いとして修験の力で統御されたが、荒ぶるカミの観念を伴って各地で変容して定着した。この点を切目王子を主体に考えてみよう。

聖性を宿す木　岡山西大寺の修正会、会陽《えよう》で投げ込まれる「宝木《しんぎ》」は、投げ牛玉、枝牛玉、串牛玉と呼ばれ、噛むと無病息災とされた。元和二年（一六一六）の枝牛玉には噛んだ跡が残る。

切目王子の……　特異な事例は、南九州の切目王子神社（鹿児島県垂水市柊原《くぬぎばる》）である。その由来は絶世の美女、大宮姫が朝廷に出仕して中大兄皇子（後の天智天皇）の妃となり、切目皇子を産んだ。天皇崩御の後、壬申の乱で敗れた姫と母親は、郷里の柊原の地に逃げ隠れて不遇の一生を終えた。柊原の民人はその御霊を祀り続けたという。江戸時代の地誌『垂城録』に、薩摩半島の切目王子神社は刳《く》り船で流されてきた高貴の娘を祀り、母は枚聞《ひらきき》神社の祭神として祀られたと伝え、天智天皇の血筋の者とする。

7　羯鼓切目と切女——切目王子の地域的展開1

羯鼓切目

切目王子の紀州から他の地域への伝播については多くの事例はない。舞としては切目の神楽が、出雲・隠岐・石見・安芸北部に伝わっている。中世末に熊野の御師や比丘尼が広めた可能性もある。島根県邑智《おおち》郡（現・江津《ごうつ》市《し》）に伝わる大元神楽（六調子）では宝暦十一年（一七六一）の『神楽役指帳』に「切女」という記録がある。現在の大元神楽は「羯鼓《かつこ》利面《きりめ》」と称し、切目は利面と表記される。天から降りた太鼓を利面《きりめ》王子に仕える羯鼓が円満に据えて、利面王子と天女がなごやかに鈴を併せて天下泰平を舞い上げる。羯鼓は神舞のくずし舞、「天女」はしなやかな舞、「利面王子」は重厚に舞う（図30・31）。神歌は「熊野なる玉置《たまき》の宮の弓かずら弦音《つるおと》すれば悪魔退く」である。弓の弦《つる》を弾《はじ》いて音で魔物を祓う鳴弦は、紀伊の荒ぶる切目王子の鎮めを想起させる。切目王子は太鼓・鼓・鞨鼓など鳴物と関連が深い。『紀伊続風土記』は切目王子の旧社地は東北の丘上の「太鼓屋敷」と称する土地とされ、太鼓とは深い縁があり、切目王子は芸能空間でもあった。

切目の神楽が……　「切目」の神楽の初見は『懐橘談』が記す承応二年（一六五三）の記録である。石塚尊俊「切目の神楽考」（『里神楽の成立に関する研究』、岩田書院、二〇〇五年）、一九四頁。佐陀神能「真切《まきり》雲《め》」、槻屋神楽「切目」、奥飯石神楽「喜利女《きりめ》」、見々久神楽「切目」などを比較している。

熊野の御師や……　熊野との関連では、備後の比婆山（現・庄原市）は、『古事記』が伝える伊弉冉尊《いざなみのみこと》の葬所とされ、山麓に熊野神社（旧比婆大神社）があり、御陵を拝む社と伝える。『日本書紀』は伊弉冉尊は熊野の有馬村に葬られたと記す。備後と熊野は共通性がある。出雲の熊野大社（松江市八雲町）は古社で出雲大社とともに出雲国一宮で、紀伊の熊野の本社という説もある。

「切女」という記録がある。　「神楽役指帳」（和木十二ケ村）前掲『邑智郡大元神楽』、一五四頁。

上：図30　大元神楽。羯鼓刹面の太鼓。
下：図31　大元神楽。羯鼓刹面の刹面（切目王子）。

石見《いわみ》神楽▲（浜田市）の「羯鼓」は一人舞で、切目王子に仕え祀る神禰宜《かんなぎ》（巫女）が羯鼓の由来を語る。羯鼓は高天原から天下ったもので、片方を打つ時は、天下泰平、国土安穏と鳴り、他の片方を打てば、五穀豊穣、商売繁昌と鳴る。その後、熊野の宮に納まって宝物の太鼓となった。祭礼の神楽なので、最もよく鳴る場所に据えよとの詔《みことのり》があり、散々苦心してようやく据える。切目王子が出現

石見神楽　石見神楽に関しては、篠原實編『校訂石見神楽台本』（日下義明商店（浜田）、一九七二年）を参照。

された際にはよく拝まれよと述べる。「切目」では介添が出て「熊野なる切目の王子の竹柏《なぎ》の葉は髪挿《かざし》に挿して御座へ参ろや」「熊野路はものうき旅と思ふらんちとせの川で思ひ知らせん」と歌う。切目王子が鬼囃子で太鼓の前に出現し五行とは何かと問う。介添《かいぞえ》が「木火土金水、青黄赤白黒の色を得て、五柱の神と現れたまふ」と答える。切目は鬼囃子で舞う。「さてその垂迹は」、介添「事解男《ことさかを》、速《はや》玉男《たまのお》、伊弉諾《いざなぎ》の神社」、切目「無念の鼓は」、介添「父母《ふも》の声」、切目「羯鼓太鼓は」、介添「幼児《うぶ》の声」、切目「みな神風の源は」、介添「重浪《しきなみ》よする伊勢の宮。古歌に曰く、片そぎの千木《ちぎ》は内外《うちと》に変われども誓ひは同じ伊勢の神風」と答え、囃子「さて和歌を上げたまふ。千早《ちはや》ふる神楽の遊びおもしろし」で舞となる。切目が撥《ばち》で舞い、太鼓を打ち、次に太鼓と撥で舞い、天下泰平・国家安穏を祈る。ナギの葉をお守りにつける情景があり、紀伊の切目王子の太鼓やナギを想い起こさせる。切目王子は五行の要素からなる五柱の神として正体を現す。『紀伊続風土記』の切目王子の項で「五體《ごたい》王子の称は神の御像五ツあるを以ていふ。或は地神五代▲なるを以て五代王子といふ」という記述に符合する。切目の神楽では五体や五代が五行に変化した。現行の「切目」は江戸時代の文化九年（一八一二）の『御神楽舞言立目録』▲（市山・八幡宮蔵）の問答を踏襲している。そこでは、

地神五代　平安時代中期に熊野十二所権現の中の五所王子が、熊野詣の重要な五ヶ所に比定され五体王子として定着した。一方、江戸時代の切目の社家は五体を五代と読み替えて地神五代を祭神とした。『五躰王子宮御鎮座幷御宮造営記』（明和六年・一七六九年。切目神社所蔵）がその由緒を説く。

『御神楽舞言立目録』　桜江町市山の牛尾家所蔵本。『邑智郡大元神楽』（前掲）、一七八頁。

神・夫《それ》神といつぱ天地未分の始より虚空円満におはします。是ハ則《すなわち》一元の神又五行別像の其理ハいかに。市・木火土金水青黄赤白黒の色を得て五体の神と現れたり。神・扨《さて》裏表の鼓の音は。女・父はハ声を表するなり。神・鞨鞁《（ママ）》の太鼓ハ。女・幼児の声。神・ミな神風源は。女・しき浪よする伊勢の宮。神・扨和哥《さてわか》をあげ給へ。楽云ふ・千早振神楽の遊びおもしろや。

と言って舞に入る。切目王子の演じ手は「市《イチ》」、つまり巫女で、自ら正体を顕し五行の由来を述べる。「切目」は石見では「切女」として託宣を下す女性に読み替えられていた。熊野比丘尼と巫女が二重写しになる。

羯鼓切目から切女へ

羯鼓切目の成立に関わる文書に『御神楽之巻起源鈔』▲（写本。文政十三年・一八三〇。三原邑湯浅家文書）がある。そこでは「刹面《きりめ》附《つけたり》鞨鞁《かつこ》」の言い立ては以下のようになっていた。「紀州熊野に若一皇《にゃくいちおう》を祭れり。殊に所々多し中にも切女村に祭れるは、刹面皇子と崇め奉る。然るに昔此所に天より鞁《こ》《（ママ）》を降下せり。時に神現じて此鞁を打玉へば、神女降て千早の袖を翻《ひるがえし》て舞奏玉ふ。是より天下大ひに治り、五穀満熟せりと申伝たり。こゝを以て此神能を始めたりとなり。此大鞁《たいこ》《（ママ）》則《すなわち》

▲『御神楽之巻起源鈔』　文化元年（一八〇四）に石見国邑智郡川本の弓ヶ峯八幡宮の神主が記したとされる。『邑智郡大元神楽』（前掲）、一九二頁。

鞨鞁《かつこ》の初まりをいふと也」とある。ここでは切目王子は熊野十二所権現のうち五所王子の第一の若一王子と同じで切女村の刹面《きりめ》皇子と称されていた。現存する『神楽帳』(役指帳)のうち宝暦十一年(一七六二)の和木村では「切女」、明和八年(一七七一)の上津井では「勝鼓切女」、天明元年(一七八一)の矢上村では「刹面」とある。太鼓(羯鼓・鞨鼓)の由来譚となり、切目を「切女」に読み換え、巫女が鞨鞁(羯鼓)を打って祀ることで諸願成就を願う舞になった。鞨鼓とは本来は唐楽に由来し、舞楽で使われる打楽器だが、石見では通常の太鼓のことをいう。これは太鼓の起源を切目王子に託して語る石見独自の起源譚である。熊野の御師や比丘尼などの創造的働きの一端が推定される。

8　切目と見目——切目王子の地域的展開2

花祭

奥三河の東栄町や豊根村で毎年十一月から翌年の一月に集落ごとに行われる花祭では、切目《きるめ》王子は見目《みるめ》王子とともに重要な神として祀られる。ここではキリメではなくキルメと呼ばれて、ミルメと対になる。花祭は中世末ころに熊野と諏訪を往来する修験がもたらしたと考えられていて、在地での起源は江戸初期に豊根

刹面皇子と……　本地は十一面観音で切目王子と同じである。

舞楽で使われる　宮中の舞楽の左方楽(唐楽)で用いる小さな太鼓で、台の上に据え、両手に持ったバチで両面を打って鳴らすのが本来である。

熊野の御師や……　鞨鼓は熊野本宮の湯登神事では稚児が胸につけて八撥の舞を奉納する。稚児舞楽との関連も推定される。

図32　花祭の湯立。東栄町月。

村古真立《こまだて》の曾川《そがわ》在住の修験・万蔵院鈴木氏と、その弟子の林蔵院守屋氏が一日一夜の花祭に再構成したと推定されている。原型は在地での数ヶ村合同の大神楽《おおかぐら》▲であるとされる。大神楽は人々が願をかける立願を行い、その願が成就した時に行う願果たしの御礼の神楽であった。大神楽は、「生まれ子」（誕生後に成長を祈り加護を願う神子《かご》入り）、「清まり」（元服時の立願の成就の感謝と祭祀集団への加入）、「浄土入り」（還暦時に極楽往生を願って浄土の神仏と結縁。白山《しらやま》に参籠）の人生三度の通過儀礼▲を執行する祭祀でもあったという▲。大神楽や花祭で主神の役割を果たすのは「切目」で、文献上の初見は『御神楽日記』（天正九年・一五八一、山内榊原家伝書）所収の大神楽の次第の記述「御神楽申附」にある「きるめ王神祈」で、『神楽事』（慶長十二年・一六〇七、山内林家伝書）がこれに続く。

数ヶ村合同の大神楽　安政三年（一八五六）豊根村下黒川での実修を最後に廃絶した。

花祭の切目王子

花祭は舞処《まいど》に竈《かまど》を築き、その上に五色の切紙の湯蓋《ゆぶた》や願掛けの白蓋《びやつけ》▲を吊り、花太夫が湯立を行って神々に献ずる（図32）。湯の釜の周囲（クロとマエ）では多彩な舞が繰り広げられ、最後に湯囃子の舞で湯を浴びて「生まれ清まり」を果たし

通過儀礼　人生の折り目ごとに行う儀礼のこと。ファン・ヘネップ（Arnold van Gennep, 1873-1957）の用語。『通過儀礼』（岩波文庫、二〇一二年）。人生儀礼ともいう。

図33　花祭の切目王子の勧請。東栄町下粟代の切目王神。
http://dankichi0423.blog.fc2.com/blog-entry-62.html

た。昭和初期に調査した早川孝太郎の『花祭』（一九三〇年）の記録に従って、儀礼の冒頭部の次第を整理すると以下のようになる。初めに滝での禊、滝祓いを行う。高嶺《たかね》祭りと辻固めを「花宿」の屋外の戌亥《いぬい》（北西）と辰巳《たつみ》（南東）で行い、障礙なすものを打ち祓って「花宿」に入る。屋内での儀礼は、神入り→切目王子→天の祭り→しめおろし→山立て→島祭り→鳴物（ごこくまつり、土公《どくう》か）→竈ばらい→湯立と続く。禰宜《ねぎ》（花太夫）は面形《おもがた》や幣束を「神部《かんべ》屋《や》」に据え、酒や供物を供え、九字護身法を行い、諸神諸仏勧請の祭文と神降ろしの歌を唱え、「とのづけ」で五方位に位置づけて「神ひろい」になる。終了後、禰宜は祭具をミョウド（世襲の草分け筋）や舞子に手渡し、大幣を捧げて「神部屋」から「神座《かんざ》」へ渡る。「入りませやいかなる神も」と唱え、大幣を納めて「神入り」が終了する。「神入り」は諸神仏を招く行事で、中心は「見目王子」であり、続いて勧請される「切目王子」と対になると考えられていた。花祭ではキリメはキルメとなった。ミルメ（見目）とはキルメ（切目）に対抗して地元で独自に生成された神の可能性がある。

振草系の花祭では引き続き「神座」で「切目王子の勧請」を行う（図33）。東栄町小林では短冊に「切目王子」「見目王子」と記して神座に祀る。石州半紙に青・黄・赤・黒と重ねて八つ折にして王子幣を造り、神寄せ（神入り）の後に諏訪神社の橋の袂《たもと》で行う「辻固め」で柱に神寄せの苞《つと》と、切目見目の王子御幣を括りつけて、礼拝する。苞と御幣は祭りの終了まで祀る。辻固めと併行して諏訪神社拝殿でミョウド▲（宮人《ミョウド》）が「天の祭り」を行う。荒ごもを正面に敷き、ろじ（濾紙）に入れた丸餅、串柿、藁苞《わらつと》（ところ芋と蕎麦の実を混ぜたもの）を準備する。荒ごもの上に、神敷《かみしき》（石州半紙）七十五枚を五方（五人の王子）に敷き、祓い幣（幣串）で身を清め、祓い幣を持ちつつ餅を半紙の上に置く。干柿（昔は栃の実も）を供える。祝詞・大祓を唱え、護身法を行う。一般には唱句で勧請する。ミョウドと舞子は円座になって席に着き、各人の前に盆を置き、酒を盃に注いで供え祓銭を白紙に包んでおく。

早川孝太郎『花祭』は「拍子につれて諸神諸仏勧請の祭文を唱え、神名の一節が終わるたびに、次の文句を拍子に合わせて、手にした紙縒《かみこより》を盃に浸し、いったんいただいては、体を前後に揺りながら胸に灌ぎかける」▲と記す。この時の唱え歌は「おりゐで花の　切目の王子　ごすごりやう　まゐらするには　みいぐちなる　おみききこしめせ　玉の明神」、「ごす」は神酒、「ごりよう」は御料、「みいぐち」は御影向《ごえこう》の意味という。各人が御霊代《みたましろ》を受けたことになる、と早川は述べる。「降居《おりい》」によって神は降臨し、「ごすごりょう」、食物と飲み物で接待する。

大神楽は……　山本ひろ子「大神楽『浄土入り』」（『変成譜——中世神仏習合の世界』、春秋社、一九九三年）、一六五頁を参照。

願掛けの白蓋　湯蓋に五方の神仏を勧請し、願主は立願や願果たしのために一力花の白蓋を奉納する。

振草系　早川孝太郎は、北設楽郡の東栄町と豊根村に伝わる花祭の村々の系統を主に二つに分けて、振草川沿いを振草系（月、足込《あしごめ》、下粟代《しもあわしろ》など）、大入川沿いを大入系（下黒川、三沢山内、古真立など）とした。早川孝太郎『花祭 前篇』（前掲、一九七一年）、三八頁。小林は振草系とされたが、現在は大河内系と呼ばれる。

東栄町小林では……　小林の花祭については、『北設楽 小林花祭り』（小林花祭保存会、二〇〇九年）を参照。

「切目の王子勧請は、ここ四、五十年前までは最も厳粛に行われた様子で、かんしき木綿（白木綿）三反をもって神座の三方を幕を張った如く囲み、北方すなわち戌亥《いぬい》の方を開けて行ったという」と記す。厳格な切目の王子の勧請は七十五膳をすえる天井裏の「天の祭り」と組をなしていた。

切目王子は外来の神で、吉兆の方位の戌亥から勧請されて最高神に祀り上げられ、最高の尊格として厳格に祭場に迎え入れられ、神楽の執行中は立願者を守護する。一方、「花宿」の祭場の天井から吊るされる白蓋の飾り物のうち、中心の五色幣は「見目」といい、末端は幣・扇・枡・円鏡等からなる。地元の神は「見目」である。地元では坂宇場《さかうば》の見目様、三沢山内《みさわやまうち》の龍王、古戸《ふっと》の聖《ひじり》を花祭の最高神とする伝承があり、特に見目は切目とともに中心の神とされ、見目屋敷と称する家で祀られる。外来の切目は言葉の呪力で勧請され不可視であるが、在地の見目は切草で可視化されて祭場を守護する。見目については「内見目や、門見目や、井戸見目や、滝見目や、見目の天地のごぜのきよちとら」（『口伝書写』元禄十五年、古真立田鹿の白川家蔵。旧万蔵院より伝達か）とあり、家の内外の至るところに遍在する。遍在する見目に対して、切目は単独で外部から現れる。来訪する神の代表が切目であると言える。

ミヨウド　花祭では花太夫（禰宜）が儀礼を司り、村の地元の人々、ミヨウド（宮人）が舞をまう。

胸に濯ぎかける　早川孝太郎『花祭 前篇』（前掲、一九七一年）、一〇八頁。

戌亥の方を開けて行ったという　早川孝太郎『花祭 前篇』（前掲、一九七一年）、一〇九頁。戌亥は屋外での高嶺祭、別称天狗祭の方位でもある。

『口伝書写』　山本ひろ子「神楽の儀礼宇宙――大神楽から花祭へ（下の一）花祭浄土変・前篇」（『思想』八七七号、岩波書店、一九九七年）、一四三頁の引用による。

9　天の祭りと湯立

天の祭り

花祭の特徴は切目王子の勧請と「天《あま》の祭り」が同時に行われていたことである。切目王子の勧請と同時に別の禰宜の一人は五色幣と剣鉾《けんぼこ》を持って「花宿」の天井裏に上がって「天の祭り」を執り行う（図34）。棟祭《むねまつ》りともいう。天井裏に七十五膳をそなえ、燈明を上げて祀る。祭具は、膳、箸、ごす（神酒）、壺、鉾である。

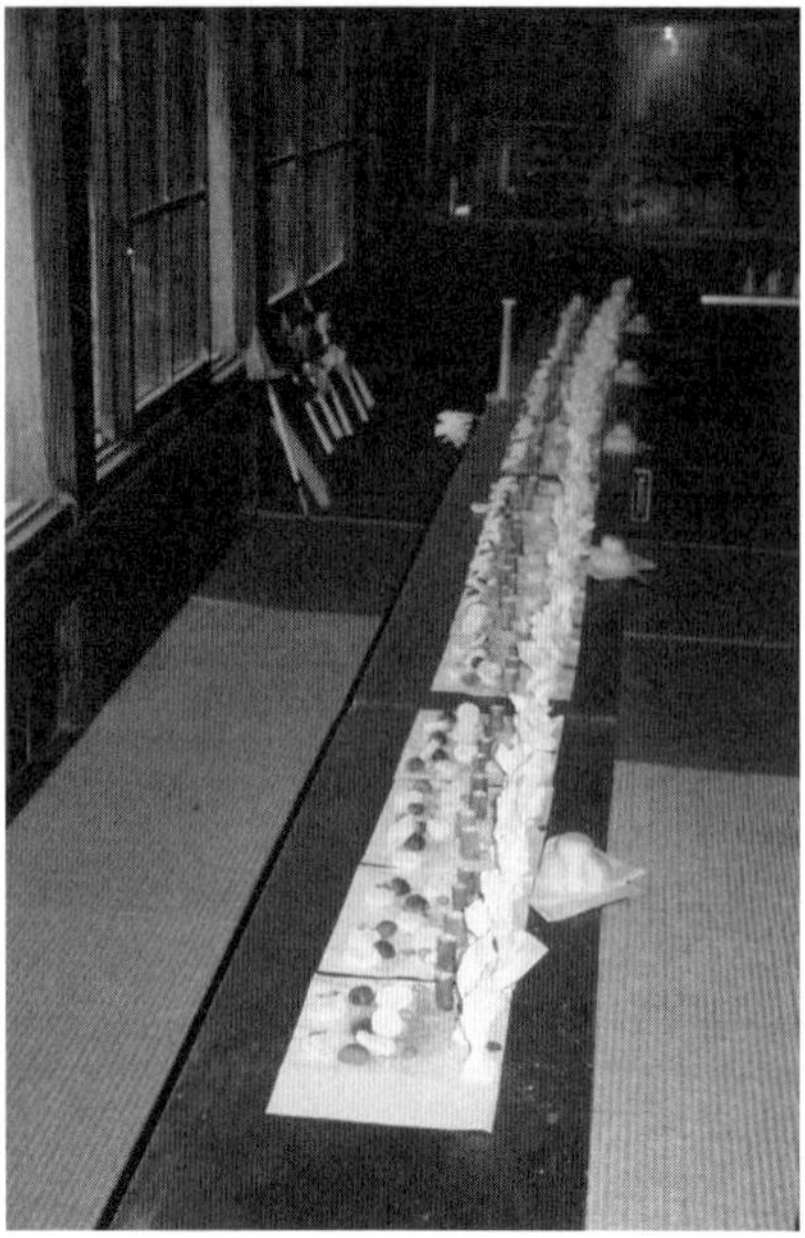
図34　天の祭り。東栄町足込。

早川孝太郎『花祭』の報告では「膳はそぎ板のごく粗末なもので、それに供物として、酒・榧《がや》・栗・野老《ところ》・芋・蕎麦・餅等を盛る。一通り儀式が終わると同時に投げ餅をする。そして翌日祭事終了まで、二人の者が詰め燈明の世話をする、これを天の番という。ちなみにこの場合の幣と剣鉾は、後に棟木に結びつけておくのである」▲とある。以前は、一晩中、天井裏で番をした者は、煙で燻《いぶ》されて息が苦しくなり神がかり状態に至った。この神霊との直接交流が意味を持っていた。

▲後に棟木に結びつけておくのである
早川孝太郎『花祭 前篇』（前掲、一九七一年）、一一〇頁。

「天の祭り」の七十五膳行事は、山中の諸々の諸霊に対する供物で天狗を祀る作法ともいう。この行事によって神楽の祭場が「山」となる。

天狗祭

富山村（現・豊根村）大谷の熊野神社では正月三日の御神楽に先立って「天狗祭」を行う。熊野神社後方の神殿の床下の「めいじん」から、「火の王」「水の王」の面を取り出し、オハタキ十五個を紙の船に盛って祀る。次に、役職者の宮《みや》天狗の先達、イチ、イチツキ、原《はら》天狗の先達、オト、オトツキの順に、社の後方裏手に登り各々が「宮天狗杉」と「原天狗杉」を祀る。宮に戻って、湯立の釜の前では、五方の神の守護のもと、印を結んで天狗に対して「ついてくるな」と追い返す。天狗神は「歌舞音曲に堪能で、神楽にも精通している神と考えられ、天狗をないがしろにして祭りを行うと天狗は怒り、祭りに祟りをなす▲」という。祭りの担い手は、修験や巫覡の名称（先達、イチ、ツキ）で呼ばれ、床下や後方に祀り籠められた神霊を慰撫する。なお、水窪町西浦《にしうれ》の観音堂のオコナイ（西浦田楽）でも、祭りに先立って天狗祭を行う。

天狗は遠州秋葉山《あきばさん》▲が有名で、秋葉寺《しゅうようじ》では十二月十五日の真夜中に森の中で三尺坊大権現とその眷属に七十五膳を献供する秘儀を行う。最後の膳を捧げ終わると、

祭りに祟りをなす　山崎一司『隠れ里の祭り』（前掲、一九八七年）、四四〜四五頁。

秋葉山　火防の神として知られる。明治以前は秋葉大権現で、天狗の三尺坊が戸隠で修行し、越後の道場で荒行をした後、秋葉山に来山して守護神となって信仰を集めた。寛永二年（一六二五）に抗争が起こり、曹洞宗の可睡斎《かすいさい》の末寺となる。貞享二年（一六八五）の秋葉祭以降、火防の神の秋葉三尺坊大権現として広く世に知られた。慶応四年（一八六八）の神仏分離で解体され、明治五年（一八七二）に寺は秋葉山大権現から秋葉神社となり、翌年に秋葉寺《しゅうようじ》は廃寺、仏像仏具などは可睡斎に引き渡された。明治十六年（一八八三）、秋葉山八合目杉平に秋葉寺が再建され現在に至る。秋葉信仰は、秋葉寺・可睡斎・秋葉神社（祭神・火ノ迦具土神）の三つに分かれた。

図35　箱根板橋・秋葉山量覚院の七十五膳。

山の方から風が吹いてくるという。小田原の秋葉山量覚院《りょうがくいん》でも十二月六日の火防祭りに先立ち天狗の眷属へ七十五膳を献供する（図35）。大峯山の前鬼では十一月十六日の深夜に山中で精進料理の供物を上げて金幣《きんぺい》で「天狗供養七十五膳供具作法」を行った（「大峯七十五靡《なびき》奥駈修行記」）。山中の荒ぶる神霊は、修験道儀礼のなかには天狗への献供として取り込まれる。七十五は山中の神霊のすべてを総称した象徴的な数であり、山のすべての力が集約される。七十五膳と一体化して祀られる切目王子には大自然の荒ぶる力が残り続けているのではないだろうか。

「切目王子」の後は、「注連《しめ》おろし」で五方の仏菩薩、薬師・観音・阿弥陀・釈迦の名を唱えて観念的に注連を張り巡らす。「注連《しめ》」には「神《しん》明《めい》」の意味が重なる。次は舞処の五方に榊を立てる「山立て」で、祭場は山に仮想された。豊穣の源泉の「山」の力が根源にある。次の「島祭り」では禰宜が沓形《くつがた》の餅を三宝に盛り、中央から順次唱え言をして五方に向かって投げる。「なりもの」は餅と干柿を五方の注連縄に挟み込む。禰宜は「ゆわぎ」の上に「ゆだすき」を掛け、舞処に下りて「竈ばらい」、そして「湯立」へと続き、諸神に湯を献じて祓いをなし、湯の父、湯の母にお湯を使わせる。湯が人格化されている。「切目王子」と「天の祭り」が「神降ろし」の頂点であった。その後、諸神諸仏を招いて結界した上で湯立となる。湯立も熊野と深いつながりがあり、天保三年（一八三二）の「若子《わかご》の注連《しめ》」には「伊勢御神楽には熊野湯立てと申して［……］」の詞章があり、伊勢と熊野の影響の下で湯立が行われていた。「若子の注連」は『神楽事』（慶長十二年・一六〇七）では大神楽の由来を述べる内容で、「生まれ子」で読まれる祭文であり、起源神話が語られる。

熊野とミシャグジ

愛知県北設楽郡富山村大谷（現・豊根村）には熊野三社が祀られ、社伝では興国三年（一三四二）に紀州田辺《たなべ》の別当の四男が落ち延びてきて、正平元年（一三四六）に勧請したという。大谷の御神楽《みかぐら》（元は霜月、現在は正月三日・四日）は熊野権現への湯立が中心である。神歌に「あさ日さす　よう日かかやく熊野山　きりせが森の　なきのはのもと」と歌い、切目（きりせ）とナギの葉が歌いこまれて熊野との深いつながりがある。花祭の歌ぐらでは「熊野山切目が森のなぎの葉をかざしに挿して御前《おまへ》まゐるら」（小林）と歌われている。「うたぐら」の各所で歌われるように「生まれ清まり」をもたらす湯立は熊野と深い繋がりを持つ。石見の大元神楽や土佐のいざなぎ流の湯立では、湯立の湯は祭文や神歌で「熊野の湯」と歌われていた。大元神楽の清湯立《きよめゆだて》の神歌は「熊野なる谷の清水を御湯にた

て　我立ち寄らば氷とぞなる」「おもしろや水は湯となる熊野なる　この湯の花を神に手向くる」とうたう。熊野はユヤともいい、本宮の旧社地はオオユノハラ（大湯原、大斎原）である。小栗判官の治癒で名高い湯の峯の温泉もあり湯との関連は深い。ユには斎《いつ》く意味もあり聖性が付与されていた。

　湯立が熊野と結びついていただけではない。注目すべきなのは「玉取り」である。大谷の御神楽、豊根村上黒川の花祭、東栄町月の花祭、遠山霜月祭、天龍村坂部の冬祭、向方《むかがた》のお潔め祭など広範囲で行われていた。水窪町《みさくぼ》（現・浜松市）の草木霜月祭では、「湯の口開き」で祭場が整えられ、神道《かみみち》を通って湯の父・湯の母に導かれて神々が招かれる場が整えられる。ここからが「玉取り」で、御幣を手に持って体を揺らし、湯をかき回して掬《すく》いとるようにして御幣を拝む。この所作を五方で繰り返す。湯玉のタマに神霊が重ね合わされる。草木では▲「神から授けられた宝の玉を丁寧に受け、その玉を授けられたことによって幸福を得る」と説明している。かつての「大神楽」では、「玉取り」の神歌をうたう「社護神《しゃごじ》の舞」が行われていた。「玉取り」はシャゴジ、つまりミシャグジ▲という根源の地主神を招き和《なご》める儀礼であった。「玉取り」によって究極の土地神を招くことで祭りは強大な力を発揮できたのではないか。外来の神と地元の神の合体、その大きな役割が湯立に与えられていた。

草木では　草木霜月祭に関しては、茂木栄『草木の霜月神楽』（水窪町教育委員会、一九八六年）を参照されたい。

ミシャグジ　樹木、石、水源に祀られる土地神。石棒や丸石を祀る所もあり、石神《しゃくじん》や社宮司《しゃぐじ》とも書く。諏訪では神長官《じんちょうかん》の守矢家が祭りを一子相伝で伝えて来た。蛇神や水神として農耕も守護する。諏訪を中心に、長野、静岡、愛知、山梨、三重、岐阜などに多く分布する。

10　白山の浄土入り

キルメとは何か。それは花祭の根源に関わる。『御《み》神楽《かぐら》日記』（天正九年・一五八二）によれば、大神楽では三度の「部屋入り」があり、その都度、切目は勧請される。「きるめ王神祈」「御神酒ヲ献祭」「部屋へ入ル事」と続く。「部屋入り」とは「御幣を以て五方を拝み部屋へ入ること」と原注があり、山本ひろ子は「神部屋に入った浄土入りの立願者を前に、禰宜太夫が部屋入りの祭文を読み上げて五方に諸神を勧請し、大神楽の重要尊格・切目（または見目）の王子の唱え言をし、神褒《かみほ》めの殿付《とのづけ》をしたのであろう」▲と解釈する。『御神楽日記』では最後の「部屋入り」の後、「橋の拝見」で神楽の功力《くりき》で三途川を渡るとし、「白山《しらやま》」への「浄土入り」となる。『神楽事』（慶長十二年・一六〇七）の「部屋入り」の詞章は、

コレヨリ東方ヒガシニ、切目ノ王子ヲ請ジ、殿付参ラセ候《ソンロ》イケレバ、東方・南方・西方・北方・中央五方向テ」「抑々昔ハ目モ見エサセタマへ候ゾ。中頃、顔ニモカザラセタマエ候ゾ、今当代デハ金字《コンジ》ノ簾《スダレ》トナリテ、天下リ給エテ、加行《ゲキヤウ》上人ノ部屋入メサレ、部屋入メサレ、アッパレ又四郎、又四郎ニ預ケモ

神部屋に……　山本ひろ子「大神楽『浄土入り』」（前掲、一九九三年）、一五二頁。

ウスヨニ、預カリ申ス

とあり、「白山《しらやま》」への「浄土入り」を果たす。切目は荘厳された姿で勧請されて天下る。又四郎とは何か。浄土への究極の引導者なのだろうか。在家にして仏になる即身成仏の理想像かもしれない。祭文「花のほんげん」（古戸）では、立願者は七十五膳の接待を受けて種々の苦難を乗り越え、三途川を神父神母《かんちちかんば》の助けで無事に渡り、「黄金の曼荼羅堂」に入り、中で待ち受ける「又四郎と申す仏に、しつかと渡しまゐらせ候」とある。山本ひろ子は「白山」では「神祇灌頂▲」が行われたと推定した（図36）。白山は多義的である。神仏の居ます場、曼荼羅世界、

図36　大神楽の本尊（榊原家蔵）。

神祇灌頂　古代以来の神仏習合が中世に至って神道儀礼にも導入され、印明、念誦、血脈などを相承する密教的な灌頂の形式をとることになった。神歌が歌われ壇上の本尊には天照大神やその本地仏の大日如来が祀られた。

山中他界、すべての根源をなす山。神楽の祭場は「山」に見立てられ、大神楽では「山お立」「山おまつるべし」「山おたづね」「山を売買事」と続き、鬼は山から出現する。山が根源の力、豊饒の源泉であり、修験の験力で巧みに大自然の神霊を統御して多くの願いを叶えようとした。「部屋入り」は切目・見目の勧請儀礼で、禰宜の霊力で使役される二人の王子の加護の下に立願者は「花の浄土」に導かれる。切目と見目は、山中の荒ぶる神霊が人格化され、使役霊となることで魔物を「切り」祓い新たな世界を「見る」機能を果たす。熊野に由来する外来の神霊は、在地の神霊と渾然一体となって願果たしを成就させ、仏法の力と自然の力が合体する。仏教の外被を纏《まと》いつつ大自然の荒ぶる力を再構築して別の世界への移行を可能にする奥三河の独自の世界観がここに展開する。

11　七十五という聖数

修験の七十五

切目王子と深く関連する「天の祭り」、そこに登場する七十五膳とは何か。七十五の数は修験の山岳修行の「峯入り」と深く関係する。平安時代の院政期には上皇や貴族の熊野詣が盛んになったが、寛治四年（一〇九〇）の白河上皇による熊野御幸《ごこう》が事実上の始まりで、この時に上皇の護持僧で園城寺（三井寺）の増誉《ぞうよ》（一〇三二〜一一一六）が先達を務め、功績で初代熊野三山検校に補任《ぶにん》され、京都に賜った聖護院の開基とされた。後の天台修験の本山派の根拠地である。熊野は上皇や貴族が阿弥陀如来による極楽往生を証誠する霊場となり、修行者は熊野と吉野を結ぶ大峯山の「峯入り」を行うようになった。熊野は天台系、吉野は真言系の修行者の根拠地となった。大峯山中の宿は、『諸山縁起』では「大峯の宿員凡一百二十」と記すが、実際は七十八ヶ所である。大峯山は曼荼羅とされ、熊野側は胎蔵界、吉野側は金剛界で、靡《なびき》▲は熊野側に多く胎蔵界重視▲である。『両峯問答秘鈔』（弘治三年・一五五七）は、熊野から吉野は順峰で、因から果への百日、吉野から熊野へは逆峰で果から因への七十五日の修行と記す▲。山中の宿は現在は七十五靡であるが、初出は『修験指南鈔』（元禄六年・一六九三）の「峰中七十五靡所々金剛童子守護神也」で、靡に眷属の金剛童子がいて峯入りの行者を守護するという。『和漢三才図会』▲（正徳二年・一七一二）には熊野のお使いの烏は七十五とあり牛玉宝印にも烏が描かれる▲。

比叡山の場合、光宗『運心巡礼秘記』（正和元年・一三一二）では回峰行の礼拝対象は七十五ヶ所であった。現行の比叡山の百日回峰行では、七十五日間山中を回った後に、山を下り京都の市中の社寺を「切り廻り」と称して巡拝する。山中

靡　山中の拝所で、樹木や石、小祠を祀る。修行者は名前を書いた碑伝《ひで》を奉納して勤行する。

胎蔵界重視　峯中灌頂を受ける深仙《じんぜん》も胎蔵界曼荼羅の中台に位置づけられる。

熊野から吉野は……　順峰は従因向果（上求菩提《じょうぐぼだい》）、逆峰は従果向因（下化衆生《げけしゅじょう》）と説く。大峯山中の口伝を記す『青笹秘要録』（元禄十六年・一七〇三）も同様である。当山派修験（真言宗）の伝書。

『和漢三才図会』　寺島良安が編纂した百科事典。全百五巻八十一冊。和漢の三才（天・地・人）を総合的に記述し図を添えて解説した。

熊野のお使いの烏は……　本宮では八十八で、現在は、真名井社の初水を使って、正月七日の夕方に牛玉神符の刷り始めの神事を行う。八咫烏《やたがらす》神事と呼ばれている。牛玉宝印の烏の数は、新宮は四十二、那智は七十二である。

の自利行から衆生済度《しゅじょうさいど》の化他行《けたぎょう》である。千日回峰行は七年にわたる荒行だが、実際は九百七十五日である。残りの二十五日は衆生済度に向けると説かれるが、七十五の数の重視が根源にある。

　園城寺の第二代熊野三山検校の行尊《ぎょうそん》▲は、大峯・葛城・熊野で修行をしたとされ、白河上皇と鳥羽上皇の熊野御幸の先達を務めたが、『寺門高僧記』▲に収録の『観音霊場三十三所巡礼記』によれば、長谷寺《はせでら》を第一番、御室戸寺《みむろどでら》を第三十三番として百五十日をかけて観音霊場を巡拝したとあり、西国巡礼の創始とされる。園城寺の覚忠は「応保元年［一一六一］正月、三十三所巡礼す」と記し、「一番、紀伊国那智山、本尊如意輪、願主羅形《らぎょう》上人［……］三十三番、山城国御室寺、三井寺末寺に終わる」とあり七十五日を要したという。初期の西国巡礼は修験の峯入りに倣った七十五日の修行であった。▲西国巡礼第一番の札所は覚忠の頃に那智の青《せい》岸渡寺《がんとじ》に固定化した。峯入りと巡礼は連続性の位相の上にあった。▲

　羽黒山の修験道には四季の峯入りがあり、秋の峯は専門の山伏を養成する修行であった。『羽黒山四季峯次第』（延宝七年・一六七九）によれば、修行日数は古くは七十五日であったと記す。七十五日は人間が母親の胎内で育つ二百七十五日に因《ちな》むとされ、山全体が母胎に見立てられていた。山中修行で新たな生命を育て、山を出る時は「出成《でなり》」と称して産声をあげて新生児として生まれ変わる。羽黒修

行尊　一〇五七～一一三五年。平安末期の天台宗の僧。園城寺で出家し、大峯や熊野で修行し、鳥羽天皇の護持僧となった。宇治平等院を本寺とした。歌人としても優れ『金葉和歌集』以後の勅撰集に入集。

『寺門高僧記』　鎌倉時代に編纂され、園城寺の歴代高僧の伝記と事跡を集成した天台宗の伝記資料。

初期の西国巡礼は……　行尊・覚忠の巡礼は修行で、一般庶民の参加は困難だった。『太平記』巻五「大塔宮熊野落事」では護良親王の一行が三十三ヶ所巡礼の山伏と名乗って村人を信用させる。修験者が行う難行苦行の典型と考えられていた。

峯入りと巡礼は……　江戸時代には、民衆が人生の通過儀礼として熊野詣と西国巡礼を組にして行うようになり、伊勢参りも結合した。

験によれば秋の峯は胎蔵界の「胎内修行」で、十界修行を段階ごとに行い、最後に即身成仏を遂げた。そして、新たな仏として再生する（図37）。

彦山では山麓の七十四ヶ所の拝所を毎日巡る「内廻行《うちめぐり》」が行われ、『彦山霊仙《ひこさんれいぜん》寺境内大廻行守護神配立図《じけいだいおおめぐりぎょうしゅごしんはいたてず》』（永徳三年・一三八三）によれば、三所権現・十二所権現・四十九窟・華立《はなだて》（福智山遥拝）など入峯と関連する拝所を巡り、聖域の境界を守護した。拝所には護法が岩石や小祠に祀られ、明治初年まで満山繞道《まんざんにょうどう》の修行として継続した。▲

民間習俗では七十五日は重い精進潔斎の日数、産婦の七十五日の忌籠《いみこも》り、人の噂も七十五日までなど、完結した時間の単位である。峯入りの七十五日も同様である。一方、山中での七十五の数字は山に充満する霊の全体、一定の領域にいる諸霊のことであろう。山の霊は仏教に帰依して護法となり、神霊の眷属とされ、

図37　羽黒修験道・秋の峯入り。最終日、荒沢寺から下山。

明治初年まで……　彦山は大峯山・羽黒山と並ぶ修験道の代表的な霊山であったが、明治の神仏分離で完全に解体されて神社になった。詳細は長野覚『英彦山修験道の歴史地理学的研究』（名著出版、一九八七年）を参照されたい。

燃え盛る……　武井正弘「花祭りの世界」（『日本祭祀研究集成』第四巻、名著出版、一九七七年）、一三六頁。

七十五頭の……　本田安次「霜月神楽之研究」（『本田安次著作集』第六巻、前掲、一九九五年）、三九二頁。

諏訪のミシャグジ　諏訪の年間の祭祀は七十五回で、春二月の酉の日に前宮で行う「大御立座神事《おおみたてましんじ》」（御頭《おんとう》祭《さい》）では七十五頭の鹿を捧げて「神長官《じんちょうかん》」がミシャグジおろしを行った。

日光の地主神　四月二日の強飯《ごうはん》式は、山伏が三升入りの大椀で信徒を「食え食え」と責め立て、「七十五粒一つも残さず」と言う。もともとは山中の地主神への供物であった。五月十八日は「三品立七十五膳」で、東照大権現、摩多羅神、山王権現を祀る。

吉備の御崎　岡山の吉備津彦神社で五月と九月の中申日《なかのさるのひ》に本殿の守護神の六つの御崎《みさき》の祭り「七十五膳据神事」が行われ、丑寅御崎が恐れられた。鬼神の温羅《うら》の怨霊で祟り神とされていた。

トウビョウ　広島や岡山での蛇の憑き物で、代々女性を介して特定の家筋に憑き、その数は七十五とされる。

土公神　土公の供物を七十五の土玉とするのは広島県御調郡《みつぎぐん》莇原《あぞうばら》の弓祈禱の荒神祭祀で、最後に崩して泥だらけにする。鈴木正崇『神と仏の民俗』（前掲）、五三頁。

疫神送り　尾張の津島祭では疫神の牛頭天王を祀る時、深夜に御神葭《おみよし》を川へ流し、着岸地で七十五日祀られて攘却された。『尾張年中行事絵抄』夏之部に記述がある。

のろいの呪文　盲目の旅芸人の瞽女《ごぜ》の歌祭文『信徳丸』では継母が信徳丸に対して「大願成就したならば、七十五段の石段も、南蛮鉄にたたみます」と呪いをかける。

大峯山は「満山護法」で、要所では八大金剛童子となった。修験によって馴化《じゅんか》された荒れすさぶ自然の力の形象化である。

七十五の由来

奥三河の「天《あま》の祭り」では切目勧請と同時に、舞処の上の天井裏に七十五膳を捧げて祭文を読む。武井正弘は「燃え盛る焔と湯気に責められ、肉体の苦痛は極限に達するが、神がかりの故に耐え得た」と述べ、三十番神祭文・大土公《だいどくう》祭文、牛頭《ごず》天王《てんのう》祭文・愛宕山八天狗祭文などが神がかり状態で読まれたという。奥三河では五方の神に対して、十五ずつ供物を与え総計で七十五とするという見解もある。十五は七五三の総計である。大神楽でも七十五は重要な数であった。本田安次の聞き書きでは、三沢山内では「七十五頭の梵天を白山に飾った」という。七十五の数や供物は各地の諏訪のミシャグジや日光の地主神、吉備《きび》の御崎《みさき》や憑物《つきもの》のトウビョウ、備後の荒神や土公《どくう》神、津島の疫神《えきじん》送り、のろいの呪文においても現れる。山神や荒神、大地の霊、山や野に棲む動物霊、祟りなす霊、魑魅《ちみ》魍魎《もうりょう》の全体を象徴する数が七十五であると考えたほうがよいだろう。

　教義上での七十五の数は、仏教経典では『倶舎論』の五位七十五法という説一《せついっ》切有部《さいうぶ》の「存在の法」や、一切万有を五類七十五法に分類して法相を立てるという見解がある。道教での泰山府君《たいざんふくん》の配下七十五司▲を日本で眷属に読み替えた可能性もある。七十五の数には宇宙の総体や眷属の全体の意味がある。仏教や道教の教義や観念を土着化させ、自然の神霊の全体世界に働きかける儀礼の聖数が生み出され、「後・裏・奥・床下・天井裏」で祀られる神霊の数や供物の数となった。七十五は山を居所とする諸霊の全体を意味すると考えるのが妥当であろう。修験は、自然の荒ぶる力を統御し、神霊の世界を論理と実践で構築し、その思想と実践は修験道の揺籃の地の熊野や吉野から各地に伝播し創造的に展開した。

12　牛玉の変容

熊野の護符

牛玉宝印の発祥の地については、紀州、特に熊野が有力である。平安時代後期、本宮では熊野詣の道者に対して、ナギの葉と牛玉宝印を道中守護の護符として手渡した。『神道集』巻二「熊野権現事」には「其ノ時ノ験ハ参詣時ノ宝印ナリ」とあり、牛玉宝印は熊野詣の証しとされた。『頼資卿熊野詣記』（寛喜元年・一二二九）には「御神楽ノ後宿所ニ帰リ装束ヲ改メ、又帰参シ巡礼ス。油戸ニ於テ宝印・奈木ノ葉ヲ給ハル。仮粧ヲ伝テ還向ス」とある。『後鳥羽院熊野御幸記』の

『倶舎論』　倶舎論は五位七十五法という有部の「存在の法」を説く。平川彰『インド仏教史』（春秋社、一九七四年）上巻、二二三頁。

泰山府君の配下七十五司　澤田瑞穂『地獄変――中国の冥界説』（平河出版社、一九九一年）、四四頁。

尼連禅河　インドのビハール州、仏陀が成道したとされるブッダ・ガヤーの畔を流れるナイランジャナー川のこと。

密河　密河の名称は『熊野権現金剛蔵王宝殿造功日記』に登場し、熊野川は「顕河《けんが》」と呼ばれていた。同様の記述は『證菩提山等縁起』にもある。顕教と密教をセットにする顕密仏教は平安時代後期には成立していた。

建保五年（一二一七）条でも同様であった。授与する場所は、「油戸《ゆこ》」で、「油戸」は「斎処」にも通じる。そこは「亀の尾」でもあった。『両峯問答秘鈔』は「油戸」について「彼ノ在所ハ金亀コレヲ持ス。而レバ亀ハ尾ヨリ油ヲ出ス。仍リテ彼ノ在所ヲ油戸ト号スノミ」と説明している。「在所」とは「摩掲提国正覚山菩提樹下ノ金剛壇二河ノ間ニ飛来ス尼連禅河、音無密河ナリ、今ノ新山《にいやま》是也云云」とし、熊野川（尼連禅河《にれんぜんが》▲）と音無川（密河▲）の間に飛来した新山▲を指すという。本宮大湯原はインドでの仏陀成道の「金剛壇」の飛来地とされた。大峯山の霊鷲山《りょうじゅせん》▲からの飛来を説く伝承とともに、仏教発祥の地に仮託する伝承である。大峯山全体は亀に乗っていて頭は吉野、尾は熊野とされた。▲「亀の尾」とは油を搾《しぼ》り出すように山のエッセンスをひねり出す場所だったのかもしれない。牛玉宝印は熊野や大峯山の霊威を凝結した護符であった。これが各地でさまざまな解釈を生む。

牛玉の展開

牛玉宝印は護符として門戸に貼って魔除《まよ》けにしたり、身体のお守りにする、薬の効果を期待して食べる、起請文の料紙にするなどの用途があった。修験の独自の解釈では、牛玉を「牛＋王＝生＋土」と解釈して「生土神《うぶすながみ》」とした。『修験秘要義』巻六には「牛玉宝印札、合生土二字、而後別成牛玉。生土二字訓ウブスナ。

新山　新宮では権現は元は「幾禰ケ《きねが》谷《だに》」（乙基河原）に現れ、「食山」（岩基隈北《いわきのくまのきた》新山）の「二宇の社」へ遷座し、十二所権現として勧請され、新宮と号したという伝承もある（『熊野年代記』）。新山と新宮の名称の由来譚である。

霊鷲山　インドのビハール州のマガダ国の都、王舎城（ラージャグリハ）の東北の山。仏陀が『法華経』や『無量寿経』を説いたと伝える仏教の聖地で、経文に「常在霊鷲山」の表現が頻出する。日本に霊鷲山が飛来したとする伝承も多い。

大峯山全体は……　亀の甲羅は山上ヶ岳のお亀石とされ、亀に乗る山という仏教的世界が大峯山にはある。本宮に関しては神仙思想の影響が強い。『熊野山略記』本宮の条では二つの河の間の島を新山とし、霊亀をかたどるので蓬莱嶋というとある。

図38　両山寺の護法実

目連の能　鈴木正崇「目連の変容——仏教と民俗のはざまで」（『東アジアの民族と文化の変貌——少数民族と漢族、中国と日本』、風響社、二〇一七年）参照。

故以生土神之印璽《いんじ》、貼門戸則為穣、障礙義也云云」と記す。『修験故事便覧』巻三も同様である。『和漢三才図会』には熊野で「熊野生土宝印」と書いた烏牛玉《からすごおう》を出したことが記されている。修験は産土神《うぶすながみ》を護法として使役して、憑坐《よりまし》に憑《つ》けて託宣させる憑祈禱《よりぎとう》を行った。牛玉は護法とも解釈され、仏法を守護する神ともなった。修験が使役する地主神は産土神で荒神であり、障礙を統御して仏法に帰依させて護法神や伽藍神とする。備後の比婆郡《ひばぐん》で式年に行われる荒神神楽の大神楽では、最後の荒神の舞遊びで、神柱《しんばしら》が神殿《こうどの》のなかで龍《たつ》に手を掛けて「ガランゴウーヤ」と唱えて憑依した。ガランは伽藍、ゴーヤは牛玉《ごおう》で土地の産土神を意味する。伽藍荒神を降ろしたのである。終了後に七十五本の小幣を荒神祠に納めた。記録を遡ると、備後東城町（現・庄原市）宮脇の杤木家文書の『神楽能本』（寛文四年・一六六四）所載の「目連の能▲」（別名はガラン）では、地獄の主を「善法堂《ぜんぽうどう》」の「後戸《うしろど》」に「伽藍荒神《がらんこうじん》として祝い給え」と告げて母親の成仏を願った。死霊を伽藍荒神として仏法守護の護法神に祀り上げたのである。死霊の鎮めを意図した神楽とみられる演目である。

『作陽誌▲』巻三によれば、岡山県落合町（現・真庭市）の木山寺では、牛玉祈《ごおうのいのり》、あるいは感神躍《かんじんおどり》という男性巫者の神がかりがあり、七十五匹の狐が奇行を現したという。荒神・護法・伽藍・牛玉は土地の地主神を意味し、神がかりで託宣を聞いた。荒神神楽は憑祈禱の芸能化の諸相を示している。美作久米南町の両山寺護法祭は旧盆の八月十四日夜に裏山に祀られている護法善神を招き下ろして、護法《ごほう》実《ざね》という憑坐《よりまし》につけて境内を飛び回らせる（図38）。イノリツケともいう。両山寺は犬護法、近くの仏教寺・清水寺も犬護法、一宮八幡宮は烏護法▲だという。護法や牛玉と呼びかけられ神降ろしをされるのは在地の神霊で、荒神はその総称であった。

注連の牛王

奥三河の花祭では牛王（牛玉の表記は使用せず）はさらに別の展開をする。その場合、注目されるのは大神楽の「牛王渡し」「注連《しめ》の牛王」の祭文である。『神楽事』（慶長十二年・一六〇七）によれば、一日目は山を立てる儀礼に始まり、「生《うぶ》子《こ》」で赤子の誕生、「ぶっきりょうのしめ」で服忌《ぶつき》▲を解き、誕生の証《あか》しとして神《こう》髪《かずら》を授与する。そして、「若子《わかご》の注連」の祭文で祭りの謂《いわ》れを説く。二日目の次第の最後に再び「若子の注連」が唱えられ、「しきの牛王渡し」で終了する。「牛王渡し」は「南無《なむ》帰命頂礼懺悔懺悔六根清浄《きみょうちょうらいざんげざんげろっこんしょうじょう》　御七五三《おしめ》八大金剛童子　神道加持三返」と唱えて「牛王」を渡す。山本ひろ子は一日目を「生まれ子」（神子入り）、

『作陽誌』　津山藩の家老であった長尾隼人（一六五一～一七〇六）が編集した美作《みまさか》（現・岡山県）の地誌で元禄四年（一六九一）に成稿した。

犬護法、烏護法　動物霊が憑坐《よりまし》にとりつくと、犬の場合は犬の鳴き声をして吠えたて徘徊し、烏の場合は大きく跳んだり跳ねたりする。

服忌　出産や死亡は「穢れ」や「不浄」とされ、祭りや祝い事への参加を控えて忌籠《いみごも》ること。死の忌は「ひがかり」「忌中」「忌服」などともいう。「服忌令《ぶっきりょう》」とはその期間を定めた規則である。神楽ではお産の様相が演じられ、終了後に忌が明けたことを意味する。

二日目を「清まり」（成年戒）と考える。▲「牛王渡し」は修験が山岳登拝で紙縒《かみこより》の注連の袈裟を身につけて登る時の唱句「御注連《おしめ》に八大金剛童子」と同じである。お注連に宿る八大金剛童子の守護を得て観念的に山に登り「清まり」を遂げる。諏訪神楽の『諸神勧請段』の「注連牛王」の歌から「牛王」は紙縒《こより》袈裟と推定される。▲山内の花祭の「花育て」で大花を持つ二人が頭に神鬘を被り、首に輪袈裟《わげさ》状の紙の「懸け帯」をつけるのはこの名残ではないかという。「注連を開く」ことで穢れを祓い、注連の牛王を身につけ、最後には修験と同様に山の修行をすることで新たな力を得て再生する。牛王＝護法＝金剛童子の助けを得て、「山入り」によって、「花の浄土」に帰入する。牛王は全く新しい解釈を与えられた。注連祓いは近世修験が頻繁に行った儀礼である。江戸時代初期の慶長年間には湯殿山▲の一世行人《いっせぎょうにん》が、特別な効力を発揮する注連祓の「しめのきりはき」を行っていた。▲牛王と注連の多様な意味づけで神楽の世界は新たな展開を果たしたのである。

熊野信仰は生々流転する。縁起から神楽へ、時空間を越えた創造力は、縁起に始まり、神楽に発展し、熊野信仰を修験と連関させて、さまざまな地域に展開した。熊野信仰は紀州を拠点に地方に展開して、神と仏、外来と土着、巫女と修験、縁起と神楽など異質の要素を結びつけて多様に発展した。紀州はその原点であった。

一日目を……　山本ひろ子「大神楽『浄土入り』」（前掲）、一六五頁を参照。

紙縒袈裟と推定される　山本ひろ子「大神楽『浄土入り』」（前掲、一九九三年）、一六九頁。

湯殿山　山形県の修験道の聖地で、羽黒山、月山と共に出羽三山とされる。江戸時代には湯殿山大権現として崇められ、本地は大日如来、垂迹は天照大神とされた。秘所と呼ばれる温泉が湧出する岩が信仰を集めた。「一世行人」は一生涯この地を離れず木食《もくじき》行や水行を行い、飢饉時には民衆救済の願をたて、即身仏となって入定を遂げた。

慶長年間には……　慶長八年（一六〇三）と慶長九年に武蔵国幸手の不動院から光明寺を経て湯殿山麓の本道寺・大日寺・大日坊に送られた目安に記載がある。渡辺留治編『朝日村誌（一）』（朝日村、一九六四年）、五六頁。

あとがき

日本全国には三千にのぼる熊野神社があるという。熊野信仰は古代から現代に至るまで広く深く影響を及ぼしてきたのである。明治の神仏分離以前は、熊野権現として祀られ、熊野堂に三山の本地仏を祀るところも多く神仏混淆であった。しかし、百五十年前の明治維新の神仏分離によって解体された。にもかかわらず、熊野信仰は現代でも継続している。長い信仰を維持してきた熊野信仰の原点、特に聖地・熊野の根源的力は何か。これが本書の問いである。

熊野には何度も通った。山と海、森と川が織りなす熊野は、四季折々訪れる度《たび》ごとに異なる感動があった。熊野は湯と深い関係があり、本宮参詣の湯垢離《ゆごり》の場としての湯の峯は日本最古の温泉とも言われている。熊野はユヤと読まれ、湯谷とも表記される。熊野本宮の旧鎮座地は熊野川と音無川の合流地点の中洲のオオユノハラにあるが、漢字表記では大湯原や大斎原と書く。斎は「斎《いつ》く」の意味で、神霊がよりつく場を表す。熊野は多義性に満ちた聖地であるが湯はその根源ではないか。これが本書の主題である。

熊野と神楽との関係に注目した先行研究は少ない。日本全国には多くの神楽が伝承されていて、基本は歌舞音曲で、演者は太鼓や笛や鉦《かね》などの楽に合わせ、祭文や誦句《しょうく》を唱え、舞や踊りを演じて神霊と交流する。祈願や祈禱がなされ、神話や伝説を演じ、神がかりが起こることもある。人々を神遊びの世界で楽しませる。神楽は古代に遡る宮中の御神楽《みかぐら》から、日本各地での現代の民間の神楽に至るまで幅広く、内容も多岐にわたり地域的差異は大きい。神楽は祭りそのものとか、祭りの一部ともいわれる。もともとは神楽の名称はなかったが、神仏分離以降に神事芸能として神楽と呼ばれるようになった地域も多い。民俗学者が文化財指定に際して神楽の名称を与えて定着した場合もある。神楽は熊野では消滅して久しい。神楽は錯綜して捉えどころがないが、本書では文献の記述に沿って神楽を読み解く形で展開した。究極の目標は熊野信仰の中核にある根源的力の解明であった。

本書の基礎になった論考は英語に翻訳されて公開予定である。第一部はコロンビア大学日本研究センターColumbia University, Center for Japanese Religion（アメリカ・ニューヨーク）で二〇〇八年四月二十六日に開催されたシンポジウム「修験道――日本宗教の歴史と文化」Shugendo: the History and Culture of a Japanese Religion において、「熊野信仰と湯立神楽」Kumano Beliefs and Yudate Kagura Performance として発表した（Cahiers d'Extrême-Asie (18) 195-222、2011/2に掲載）。第二部はテル・アビブ大学 Tel-Aviv University（イスラエル）で二〇一六年五月三十日に開催されたシンポジウム「日本の多様な神々とその彼方」Multifaceted Divinities in Japan and Beyond Israeli Association for Japanese Studiesで「熊野権現の地域的展開と山岳信仰」The Localization of Kumano Gongen Cult and Mountain Worshipとして発表した。今回はこの二つの論文を基礎に、熊野と神楽の関係を主軸として再編成を行った。類書はなく、数多くある熊野に関する研究に新しい視点を呼び込む野心的試みである。

本書は国文学研究資料館・歴史的典籍NW事業内の一環である公募型共同研究「紀州地域に存する古典籍およびその関連資料・文化資源の基礎的研究」（研究代表者：大橋直義）の成果の一部である。日本山岳修験学会や日本宗教民俗学会などでの発表に対するご批判を生かして内容を組み替えた。「紀州プロジェクト」に参加することで得た知見は大きい。熊野という長い歴史を持つ多面的な聖地にはさまざまな接近が可能である。本書は一つの見方に過ぎない。若い方々の多様な研究が今後も展開することを期待したい。

二〇一八年一月　新春の上野にて

鈴木正崇

引用史料

「青笹秘要録」（『大正新脩大蔵経　宗典部三七巻　修験道章疏二』、日本大蔵経編纂会）
「阿娑縛抄」（『続・神道大系　神社篇・戸隠（一）』、神道大系編纂会、二〇〇一年）
「小笹秘要録」（『大正新脩大蔵経　宗典部三七巻　修験道章疏二』、日本大蔵経編纂会）
『紀伊続風土記』仁井田好古等編（帝国地方行政学会出版部、一九一〇〜一九一一年／歴史図書社、一九七〇年）
「熊野詣日記」（五来重編『吉野・熊野信仰の研究』、名著出版、一九七六年）
「熊野御幸記」（藤原定家著、後鳥羽院熊野御幸記、熊野道之間愚記、『国宝　熊野御幸記』、八木書店、二〇〇九年）
「熊野山略記」（地方史研究所編『熊野』、藝林舎、一九五七年）
「熊野権現御垂迹縁起」（『群書類従　二六輯　雑部』、続群書類従完成会、一九六〇年）
「熊野権現金剛蔵王宝殿造功日記」（『修験道史料集Ⅱ』、名著出版、一九八四年）
『渓嵐拾葉集』（『大正新脩大蔵経　七六巻』、日本大蔵経編纂会）
「作庭記」（『群書類従　一九輯　管弦部・蹴鞠部・鷹部・遊戯部・飲食部』、続群書類従完成会、一九五一年）
『三宝絵詞』（源為憲著、『新日本古典文学大系』三一巻、岩波書店、一九九七年）
「寺門高僧記」（『続群書類従　二八輯ノ上　釈家部』、続群書類従完成会、一九五八年）
「修験指南鈔」（『神道大系　論説編一七　修験道』、神道大系編纂会、一九八八年）
「證菩提山等縁起」（五来重編『修験道史料集Ⅱ　西日本編』、名著出版、一九八四年）
「諸山縁起」（『日本思想大系二〇　寺社縁起』、岩波書店、一九七五年）
「大御記」（為房卿記、『神道大系　文学編五　参詣記』、神道大系編纂会、一九八四年）
『太平記』（『日本古典文学大系』三四〜三六巻、岩波書店、一九六〇〜一九六三年／岩波文庫、全六冊、二〇一四〜二〇一六年）
「羽黒山四季峯次第」（『神道大系　神社篇　三二　出羽三山』、神道大系編纂会、一九七七年）
「彦山流記」（五来重編『修験道史料集Ⅱ　西日本編』、名著出版、一九八四年）
「吏部王記」（『史料纂集』古記録編三九、続群書類従完成会、一九七四年）

「両峯問答秘鈔」（『大正新脩大蔵経　宗典部三七巻　修験道章疏二』、日本大蔵経編纂会）
「梁塵秘抄」（『日本古典文学大系』七三巻、岩波書店、一九六五年）
「和漢三才図会」（寺島良安著、平凡社東洋文庫、全一八巻、一九八五〜一九九一年）

主要参考文献

天野文雄『翁猿楽研究』（和泉書院、一九九五年）
石塚一郎「後崇光院宸筆宝蔵絵詞」（『書陵部紀要』二一号、一九七〇年／再録：「「切目王子」「きな粉の化粧」」篠原四郎編『那智叢書』二三巻、一九七四年、熊野那智大社）
石塚尊俊「切目の神楽考」（『里神楽の成立に関する研究』、岩田書院、二〇〇五年）
池原真「「玉取り」と「神清め」――静岡県水窪町草木霜月神楽に見る湯立ての儀礼構造」（『神語り研究』四号、春秋社、一九九四年）
『いざなぎ流の宇宙――神と人のものがたり』（高知県立歴史民俗博物館、一九九七年）
岩田勝『神楽源流考』（名著出版、一九八三年）
岩田勝編『中国地方神楽祭文集』（三弥井書店、一九九〇年）
邑智郡大元神楽保存会編『邑智郡大元神楽』（邑智郡桜江町教育委員会、一九八二年）
『小栗判官の世界』（「八王子人形劇フェスティバル」実行委員会、一九九五年）
川崎剛志「『熊野権現金剛蔵王宝殿造功日記』という偽書」（『説話文学研究』三六号、二〇〇一年）
川尻秋生「『長寛勘文』を読み直す――君主権と熊野」（大橋一章・新川登亀男編『「仏教」文明の受容と君主権の構築――東アジアのなかの日本』、勉誠出版、二〇一二年）
『北設楽　小林花祭り』（小林花祭保存会、二〇〇九年）
久保康頼「参詣の注連祓――山伏の活動の解明」（『近世修験道の諸相』、岩田書院、二〇一三年）
『熊野――異界への旅』（別冊太陽、山本殖生構成、平凡社、二〇〇二年）
黒田日出男「那智参詣曼荼羅を読む」（『思想』七四〇号、岩波書店、一九八六年）
小林康正「奥三河の大神楽考（一）――神の子と呼ばれた人の世界」（『民俗宗教』三集、東京堂出版、一九九〇年）
小山靖憲『熊野古道』（岩波書店、二〇〇〇年）
五来重『高野聖』（角川書店、一九六五年）
澤田瑞穂『地獄変――中国の冥界説』（平河出版社、一九

九一年）
篠原實編『校訂石見神楽台本』（日下義明商店（浜田）、一九七二年）
白井永二『鎌倉神楽』（鎌倉市教育委員会、一九六二年）
鈴木正崇『神と仏の民俗』（吉川弘文館、二〇〇一年）
鈴木正崇「熊野信仰と湯立神楽」（『宗教民俗研究』一八号、日本宗教民俗学会、二〇〇八年）
鈴木正崇「湯立神楽の意味と機能――遠山霜月祭の考察」（『国立歴史民俗博物館研究報告』七四集、国立歴史民俗博物館、二〇一二年）
鈴木正崇「中世の戸隠と修験道の展開――『顕光寺流記』を読み解く」（篠田知和基編『異界と常世』、楽瑯書院、二〇一三年）
鈴木正崇『山岳信仰――日本文化の根底を探る』（中央公論新社、二〇一五年）
鈴木正崇「修験霊山の縁起に関する考察――『彦山流記』を読む」（『儀礼文化学会紀要』三・四号、儀礼文化学会、二〇一六年）
鈴木正崇「紀州と修験――縁起から神楽へ」（大橋直義編『根来寺と延慶本「平家物語」――紀州地域の寺院空間と書物・言説』、アジア遊学二一一、勉誠出版、二〇一七年）
鈴木正崇「目連の変容――仏教と民俗のはざまで」（『東アジアの民族と文化の変貌――少数民族と漢族、中国と日本』、風響社、二〇一七年）
武井正弘「花祭りの世界」（『日本祭祀研究集成』四巻、名著出版、一九七七年）
武井正弘「奥三河の神楽・花祭考」（『修験道の美術・芸能・文学I』、名著出版、一九八〇年）
竹園賢了「熊野信仰の一考察」（宮家準編『熊野信仰』、雄山閣、一九九〇年／初出、一九四四年）
『遠山霜月祭の世界――神・人・ムラのよみがえり』（飯田市美術博物館、二〇〇六年）
『遠山霜月祭』ＤＶＤ（上村、二〇〇八年、南信濃1、二〇一〇年、南信濃2、二〇一一年、飯田市美術博物館）
長野覚『英彦山修験道の歴史地理学的研究』（名著出版、一九八七年）
名波弘彰「院政期の熊野詣――滅罪・鎮魂、護法憑けをめぐる儀礼と信仰」（『文芸言語研究・文芸篇』一三巻、一九八八年）
西田長男「熊野信仰の源流とその展開」『神道史研究』二巻（講談社、一九七八年）
西山克『聖地の想像力――参詣曼荼羅を読む』（法蔵館、

一九九八年）
『仁和寺資料 第三集 縁起篇』（名古屋大学比較人文学研究年報、二〇〇三年）
『花祭り――愛知県北設楽郡東栄町・月』（DVDヴィジュアル・フォークロア、一九九三年）
平川彰『インド仏教史』上巻・下巻（春秋社、一九七四年）
本田安次『神楽』（木耳社、一九六六年）
本田安次「湯立神楽とその信仰」（『講座日本の民俗宗教六巻 宗教民俗芸能』、弘文堂、一九七九年）
本田安次「霜月神楽之研究」（『本田安次著作集』第六巻、錦正社、一九九五年／初版・明善堂書店、一九五四年）
茂木栄『草木の霜月神楽』（水窪町教育委員会、一九八六年）
山崎一司『隠れ里の祭り』（富山村教育委員会、一九八七年）
山本ひろ子「大神楽『浄土入り』」（『変成譜――中世神仏習合の世界』、春秋社、一九九三年）
山本ひろ子「神楽の儀礼宇宙――大神楽から花祭へ（上）大神楽祭文志・前篇」（『思想』八五八号、岩波書店、一九九五年）
山本ひろ子「神楽の儀礼宇宙――大神楽から花祭へ（中）大神楽祭文志・後篇」（『思想』八六〇号、岩波書店、一九九六年）
山本ひろ子「神楽の儀礼宇宙――大神楽から花祭へ（中の二）大神楽祭文志・後篇、「おりいの遊び」の世界」（『思想』八六五号、岩波書店、一九九六年）
山本ひろ子「神楽の儀礼宇宙――大神楽から花祭へ（下の一）花祭浄土変・前篇」（『思想』八七七号、岩波書店、一九九七年）
山本陽子「熊野曼荼羅に見る神仏のヒエラルキー――切目王子を中心に」（大橋一章・新川登亀男編『「仏教」文明の受容と君主権の構築――東アジアのなかの日本』、勉誠出版、二〇一二年）
芳井敏郎「熊野牛王について」（和田萃編『熊野権現――熊野詣・修験道』、筑摩書房、一九八八年）
渡辺留治編『朝日村誌（二）』（朝日村、一九六四年）

図19　「熊野権現御垂迹縁起」（『長寛勘文』所収）　静岡県立中央図書館葵文庫蔵。国文研マイクロ204-203-13

図20　『彦山流記』（添田町蔵）『霊峰英彦山——神仏と人と自然と』（九州歴史博物館、2017年）30頁より転載。

図21　津野から見た英彦山（彦山）。撮影＝鈴木正崇

図22　玉屋窟（般若窟）。撮影＝鈴木正崇

図23　善正上人・藤原恒雄像。英彦山神宮蔵『霊峰英彦山——神仏と人と自然と』前掲、32頁より転載。

図24　切目王子。撮影＝鈴木正崇

図25　『後鳥羽院熊野御幸記』　肥前島原松平文庫蔵。国文研マイクロ358-377-2

図26　発心門王子。撮影＝鈴木正崇

図27　『宝蔵絵詞』　宮内庁書陵部蔵。国文研マイクロ20-452-7

図28　ナギの木。撮影＝鈴木正崇

図29　熊野本宮牛玉宝印。撮影＝鈴木正崇

図30　大元神楽　羯鼓利面の太鼓。撮影＝鈴木正崇

図31　大元神楽　羯鼓利面の利面（切目王子）。撮影＝鈴木正崇

図32　花祭の湯立。東栄町月。荻原弘幸氏より提供。

図33　花祭の切目王子の勧請。東栄町下粟代の切目王神。
http://dankichi0423.blog.fc2.com/blog-entry-62.html

図34　天の祭り。東栄町足込。撮影＝鈴木正崇

図35　箱根板橋・秋葉山量覚院の七十五膳。撮影＝鈴木正崇

図36　大神楽の本尊（榊原家蔵）。撮影＝鈴木正崇

図37　羽黒修験道・秋の峯入り。最終日、荒沢寺から下山。撮影＝鈴木正崇

図38　両山寺の護法実。http://ryousanji.net/gohousai.html

掲載図版一覧

目次裏　熊野三山と熊野古道の五体王子。
http://www.tb-kumano.jp/files/9013/5883/4521/map_5ouji.gifをもとに作成。

図１　熊野本宮鉄製大湯釜。熊野本宮大社蔵。『別冊太陽　熊野――異界への旅』（平凡社、2002年）16頁より転載。

図２　『小栗判官』（寛文６年版絵入）　大阪大学附属図書館赤木文庫蔵。国文学研究資料館マイクロ280-4-9

図３　湯の峯の東光寺。本尊薬師如来。撮影＝鈴木正崇

図４　大日越え。撮影＝鈴木正崇

図５　八撥の舞。撮影＝鈴木正崇

図６　「熊野本宮幷諸末社図絵」熊野本宮大社蔵。江戸時代中期後期。『別冊太陽　熊野――異界への旅』前掲、15頁より転載。

図７　いざなぎ流の湯立。『いざなぎ流の宇宙――神と人のものがたり』（高知県立歴史民俗博物館、1997年）71頁より転載。

図８　『那智参詣曼荼羅』　熊野那智大社蔵。『別冊太陽　熊野――異界への旅』前掲、27頁より転載。

図９　那智の火祭り。『別冊太陽　熊野――異界への旅』前掲、29頁より転載。

図10　那智の大滝の前での田刈舞。撮影＝鈴木正崇

図11　実意『熊野詣日記』。宮内庁書陵部蔵データベース。

図12　白山の浄土入りの復元図。早川孝太郎『花祭』（『早川孝太郎全集』第２巻、民俗芸能、1972年）78頁より転載。

図13　妙法山応照上人火定の跡。撮影＝鈴木正崇

図14　鎌倉神楽（御霊社）。『遠山霜月祭の世界――神・人・ムラのよみがえり』（飯田市美術博物館、2006年）68頁エ図１より転載。

図15　保呂羽山霜月神楽。撮影＝鈴木正崇

図16　伊勢神楽の図「大々神楽錦絵」（江戸時代）。『遠山霜月祭の世界――神・人・ムラのよみがえり』前掲、62頁より転載。

図17　花祭の榊鬼。撮影＝鈴木正崇

図18　遠山霜月祭。上町の「鎮めの湯」。『遠山霜月祭の世界――神・人・ムラのよみがえり』前掲、43頁ｂより転載。

鈴木正崇（すずき　まさたか）

1949年、東京都生まれ。慶應義塾大学大学院文学研究科博士課程修了。文学博士。慶應義塾大学名誉教授。日本山岳修験学会会長。専攻は、文化人類学・宗教学・民俗学。著書に、『中国南部少数民族誌』（三和書房、1985年）、『山と神と人』（淡交社、1991年）、『スリランカの宗教と社会』（春秋社、1996年）、『神と仏の民俗』（吉川弘文館、2001年）、『女人禁制』（吉川弘文館、2002年）、『祭祀と空間のコスモロジー』（春秋社、2004年）、『ミャオ族の歴史と文化の動態』（風響社、2012年）、『山岳信仰』（中央公論新社、2015年）、『東アジアの民族と文化の変貌』（風響社、2017年）など、多数がある。義塾賞（慶應義塾大学、1997年）、第11回木村重信民族藝術学会賞（民族藝術学会、2014年）、第18回秩父宮記念山岳賞（日本山岳会、2016年）を受賞。

ブックレット〈書物をひらく〉12

熊野と神楽——聖地の根源的力を求めて

2018年5月15日　初版第1刷発行

著者　鈴木正崇
発行者　下中美都
発行所　株式会社平凡社
〒101-0051　東京都千代田区神田神保町3-29
電話　03-3230-6580（編集）
03-3230-6573（営業）
振替　00180-0-29639
装丁　中山銀士
DTP　中山デザイン事務所（金子暁仁）
印刷　株式会社東京印書館
製本　大口製本印刷株式会社

ISBN978-4-582-36452-1
NDC分類番号387　A5判（21.0cm）　総ページ116

平凡社ホームページ　http://www.heibonsha.co.jp/

発刊の辞

書物は、開かれるのを待っている。書物とは過去知の宝蔵である。古い書物は、現代に生きる読者が、その宝蔵を押し開いて、あらためてその宝を発見し、取り出し、活用するのを待っている。過去の知であるだけではなく、いまを生きるものの知恵として開かれることを待っているのである。

そのための手引きをひろく読者に届けたい。手引きをしてくれるのは、古い書物を研究する人々である。

これまで、近代以前の書物――古典籍を研究に活用してきたのは、文学・歴史学など、人文系の限られた分野にほぼ限定されていた。くずし字で書かれた古典籍を読める人材や、古典籍を求め、扱う上で必要な情報が、人文系に偏っていたからである。しかし急激に進んだＩＴ化により、研究をめぐる状況も一変した。現物に触れずとも、画像をインターネット上で見て、そこから情報を得ることができるようになった。

これまで、限られた対象にしか開かれていなかった古典籍を、撮影して画像データベースを構築し、インターネット上で公開する。そして、古典籍を研究資源として活用したあらたな研究を国内外の研究者と共同で行い、新しい知見を発信する。これが、国文学研究資料館が平成二十六年より取り組んでいる、「日本語の歴史的典籍の国際共同研究ネットワーク構築計画」（歴史的典籍ＮＷ事業）である。そしてこの歴史的典籍ＮＷ事業の多くのプロジェクトから、日々、さまざまな研究成果が生まれている。

このブックレットは、そうした研究成果を発信する。「書物をひらく」というシリーズ名には、本を開いて過去の知をあらたに求める、という意味と、書物によるあらたな研究が拓かれてゆくという二つの意味をこめている。開かれた書物が、新しい問題を提起し、新しい思索をひらいてゆくことを願う。